산업보안법

산업보안법

초판 1쇄 발행 2024년 2월 29일

지은이 남기연, 박정인
펴낸이 장길수
펴낸곳 지식과감성⁺
출판등록 제2012-000081호

교정 한장희
디자인 정은혜, 서혜인
편집 서혜인
검수 김지원, 이현
마케팅 김윤길, 정은혜

주소 서울시 금천구 벚꽃로298 대륭포스트타워6차 1212호
전화 070-4651-3730~4
팩스 070-4325-7006
이메일 ksbookup@naver.com
홈페이지 www.knsbookup.com

ISBN 979-11-392-1616-5(93360)
값 18,000원

- 이 책의 판권은 지은이에게 있습니다.
- 이 책 내용의 전부 또는 일부를 재사용하려면 반드시 지은이의 서면 동의를 받아야 합니다.
- 잘못된 책은 구입하신 곳에서 바꾸어 드립니다.

지식과감성⁺
홈페이지 바로가기

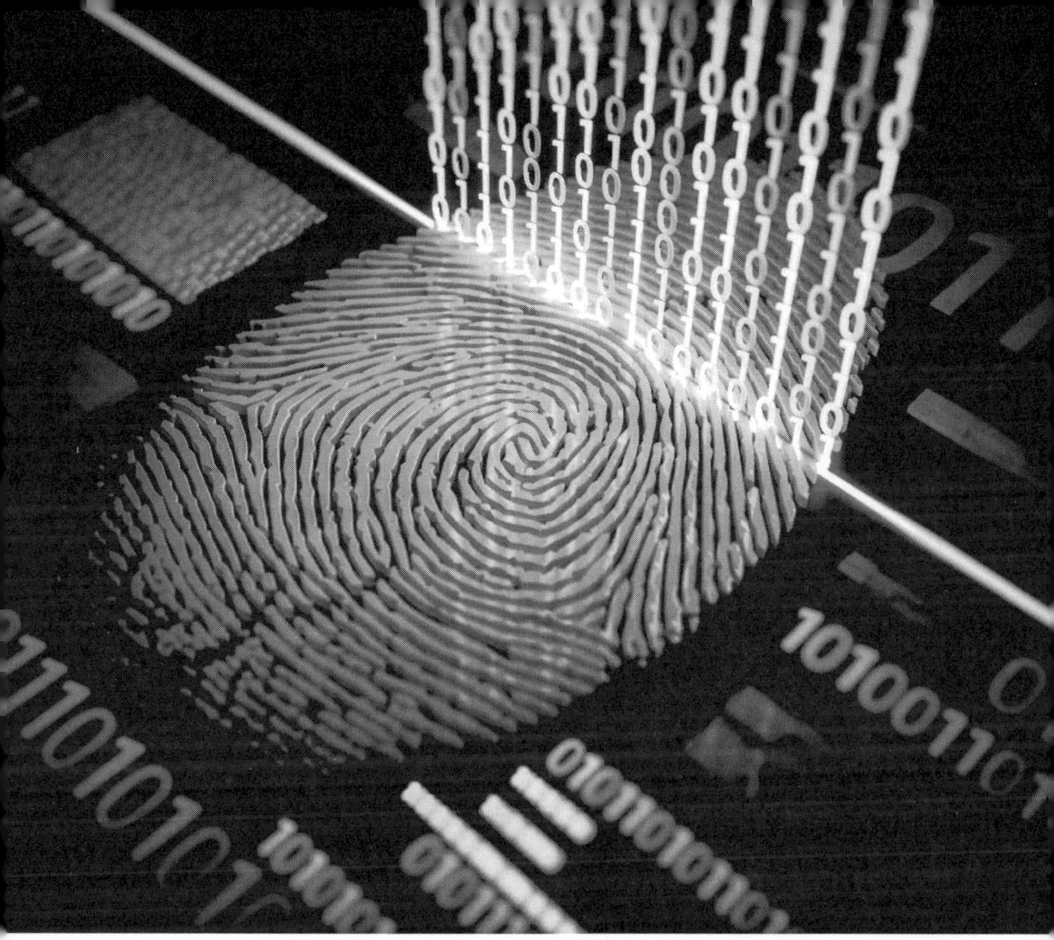

산업보안법

남기연 박정인

이 책을 통해 임직원은 회사의 장기적 발전을 위해 보안이 중요하고 합리적인 통제를 통해 공사를 구별하며, 보안 위반 인사조치를 명확히 하여 기술이나 경영상의 정보가 유출된 경우 이에 대해 책임을 물을 수 있는 보안프로세스를 마련했으면 좋겠다.

지식과감성#

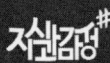

이 책은 단국대 대학원 IT법학협동과정 "산업보안전문인력양성사업단" 연구원들과 산업기술보호협회가 기업, 단체, 대학 등의 보안컨설팅을 위해 제작한 책자입니다.

목 차

프롤로그 8

PART 1
산업보안 사고 13

PART 2
산업보안과 3대 기술보호지침 35

PART 3
사이버 보안 135

PART 4
특수보안 153

마치면서 196

프롤로그

다양화되고 있는 미래 산업과 보안의 중요성

 2019년부터 단국대에서 산업보안법 수업을 하면서 많은 기업인들의 보안에 대한 고민을 알게 되었다. 정보기술, 양자기술, 생명기술, 나노기술, 뇌과학, 바이오기술, 반도체 등 산업에서 보안을 중요하게 여기지 않아서 발생하는 많은 보안사고 앞에서 보안 분야는 어쩐지 돈만 쓰고 크게 도움이 안 되는 것으로 생각된다.
 한 음식점에서 마늘을 주제로 인테리어를 하고 모든 메뉴를 마늘을 넣어 만든 경우 보호하려는 별도의 노력이 있었더라면 충분히 영업비밀로 보호받을 수 있었음에도 보안에 대한 노력이 없어 영업비밀로 보호되지 않은 경우가 있는가 하면 누구나 끓일 수 있는 추어탕임에도 맛의 비법을 조리사만 보게 함으로써 비밀관리의 노력을 한 것이 인정되어 영업비밀 유출사고로 인정되는 판례 앞에서 무언가를 창조하는 것만큼 이를 보호하려는 노력의 뒷받침도 중요하다는 것을 알게 된다.
 이미 경영과 기술상의 보호되어야 하는 분야는 계속 확장되고 있는 중이다. 음식점조차도 단순히 노동을 인간에서 기계로 대체하는 무인카페를 넘어서서 주문에서 조리, 배달까지 로봇 기술이 한없이 발전하고 있다. 그뿐만이 아니라 식품을 스캔하여 어떤 영양 성분이 있는지 칼로리까지 계산해 주는 서비스, 음식 낭비를 줄이는 공유 서비스에 이르기까지 맛과 쾌락, 건강, 편의성에 이어 친환경까지 아우르는 다양한 창업적 발명과 이를 보호하려는 기업의 노력은 점점 증가하고 있다

패션도 다르지 않다. 단순히 옷을 만드는 것뿐만이 아니라 가상현실을 통해 직접 입어 보는 번거로움을 줄이고 신체적 제약을 보완하는 한편 투명한 재고관리와 다양한 스마트 웨어, 군복 등 특수복 등 기술의 혁명이 계속되고 있다.

또한, 스마트홈 산업은 여러 사생활 위협 문제가 있음에도 지속적인 수요가 있으며 이와 같은 신기술을 이용한 다양한 건축방안이 실현되고 있다.

수수료 없는 세상을 꿈꾸었던 자들이 만든 블록체인 기술과 텔러, 기기, 운반 비용 등을 절감하기 위해 상상했던 무현금 사회가 신용카드로 실현되어 데이터가 집중되었을 뿐 아니라 암호화폐와 가상화폐는 보안 위협이라는 문제가 해결되는 순간 현금으로 인정받을 가능성이 커졌다.

교육 역시 기술의 혁명 속에서 학교가 점차 사라지고 교수나 선생과 같은 지식 소매상들이 지식 제공자로서 영상 안에서만 존재하며 비대면 코칭과 멘토링의 역할을 하면서 그 사이에 게임과 학습은 그 경계를 넘나들고 있다.

진시황이나 꿈꾸었다는 영생은 디지털 세상과 바이오기술의 협조로 냉동인간, 유전자 개량, 헬스케어 비즈니스로 거듭나고 있으며 기존의 개념이었던 여가 활동, 건강관리, 의료 행위의 구별이 무너지고 있는 상황이다. 그 밖에 즐거운 시간과 기회를 위해서는 얼마든지 투자하고자 하는 사람들이 늘어나면서 자손을 낳는 것이 당연했던 세상에서 국가의

지원 없이는 낳지 않으려고 하고 자손을 키우는 시간에 무엇을 하고 놀 것인가로 인해 엔터테인먼트 산업은 강력한 시장으로 떠올랐다.

물론 VR, AR 등의 산업은 사이버 멀미가 심한 사람들에게는 소외되는 경향도 있으나 가상 배우, 버추얼 유튜브 등 가상증강현실 산업의 발달이 계속되면서 나를 기쁘게 하는 사람이 굳이 인간이 아니어도 되는 상황에 이르렀다. 공간 중심의 산업이었던 만화산업과 같은 것은 만화방이 카페로 변화되고 그 자리에 웹툰이 가득 자리를 메움으로써 출판산업의 한계를 보여 주고 있다. 가상공간에서만 사용하는 사이버머니 시장과 아이템 등의 거래는 서비스제공자의 통제 안에 있어야 하는지 그 밖에 있어도 되는지, 즐거움을 주고자 만들어진 모든 것에 대한 근본적인 질문을 던지고 있다.

그 밖에도 자율주행 자동차를 넘어서 하늘을 나는 자동차인 드론은 배송 외에도 무한한 가능성을 보여 주고 있고 땅 위를 달리다가 비행기가 될 수 있는 하이퍼루프는 상용화를 기다리며 기본적인 논쟁인 편의와 프라이버시 사이의 줄타기를 계속하고 있다.

그 밖에도 1999년 소니 아이보에서 시작했던 전자인간은 로봇으로 진화하더니 2019년에는 휴머노이드 로봇 소피아가 사우디아라비아의 시민권을 획득하는 등 인공지능이 만들어 내는 답변과 솔루션을 어느 정도까지 인간이 받아들여야 하는지를 두고 논쟁이 계속되고 있다. 피조물은 조물주를 닮는 필연 때문인지 2016년 선보인 챗봇 테이는 인권침해적인 답변을 내놓아 서비스가 중단되었다. 즉, 아시모프의 로봇 윤리 3원칙인 "첫째, 인간에게 해를 주지 마라. 둘째, 인간 명령을 복종하라. 셋째, 자신을 지켜라."만으로는 충분치 않은 것이다. 이에 확장하는 AI 산업 앞에서 결국 유럽연합은 2023년 12월 AI Act 법안에 합의했다. 이 법은 AI의 위험성을 분류하고 투명성을 강화하는 게 핵심으로 법을 위반한 기업에는 최대 3,500만 유로(약 500억 원)나 전 세계 매출액의 7%에 해당하는 벌금을 부과한다. 어린이 등에게 위험한 행동을 조장하는 것처럼 정보를 제공하는 AI 애플리케이션은 '허용 불가능한 위험'으로 구분되어 개발이 금지되지만 예외적 허용범위가 넓고 미국이나 중국과 같은 AI 선도국은 유럽연합 가입국이 아니라서 실제 기술개발에 규제가 될지는 의문이 있다.

그 밖에도 2019년 17세 스웨덴 환경운동가 그레타 툰베리를 전 세대가 지지하고 있는 가운데 지능형 센서, 재난재해 예측, 환경오염 예방 시스템 구축 등 환경기술에 대해 전 세계가 투자하고 있다. 즉, 대기오염(미세먼지 저감기술), 수질오염(수로 모니터링), 토양오염(오염물질인 중금속 탐지 및 제거) 관련 기술개발에 대해 전 세계가 각축전을 벌이고 있다.

기술을 개발하는 것도 중요하지만 보안 위협을 감지하고 이를 제거하기 위해 노력하는 것도 매우 중요하다. 즉, 위험분석에 기반한 보안활동을 체계적으로 경영 활동에 갖추는 것이다.

특히 디지털 재난관리체계를 구비하지 못한 기업이나 단체, 연구 기관 등은 결국 아기 돼지 삼 형제의 큰아들 돼지처럼 볏짚으로 늑대를 막는 꼴이 될 수 있다. 결국 이 모든 문제는 대표들의 마인드와 함께 일하는 사람들의 성향, 업무 환경과 준법 성향도 중요하지만 궁극적으로 보안 업무의 전문성을 갖추고 보안에 대한 투자와 조직의 규모를 갖추는 것이 필요하다.

보안을 비용으로 생각하지 않고 투자로 볼 수 있는 안목이 있는 기업의 대표는 아기 돼지 삼 형제의 막내 돼지처럼 튼튼한 벽돌집과 늑대가

| 프롤로그 |

침입하면 불에 태워 죽일 수 있는 준비가 추후 보안 분쟁에서 유리한 고지가 될 수 있음을 인식한다.

이 책을 통해 임직원은 회사의 장기적 발전을 위해 보안이 중요하다는 사실을 알고 합리적인 통제를 통해 공사를 구별하며, 보안 위반 인사조치를 명확히 하여 기술이나 경영상의 정보가 유출된 경우 이에 대해 책임을 물을 수 있는 보안프로세스를 마련했으면 좋겠다.

PART 1

산업보안 사고

산업보안 사고는 ① 전현직 임직원에 의한 유출, ② 경쟁기업의 핵심 인력 스카우트에 의한 유출, ③ 컨설팅, 기술자문 등에 의한 유출, ④ 사업 제안, M&A, 위장 투자 등에 의한 유출, ⑤ 공동연구에서의 유출 ⑥ 하도급 거래 과정에서의 유출 등 다양한 상황에서 발생한다. 하지만 최소한의 안전장치, 산업보안지침을 준수한다면 사고 발생 시에도 기업으로서 기술 유출자에게 법적 책임을 물을 수 있을 것이다.

1

> A는 국내 유명 보청기 제조사 B의 영업사원으로 근무하면서 국내 보청기 제조사들의 매출 관련 정보(총매출액, 제품군별 판매 수량 및 매출액, 예상 매출액에 따른 시장점유율 등), 국내 보청기 판매점(대리점)들의 매출 관련 정보를 가지고 있었다. 그런데 A가 추후 타 보청기 제조사에 취업하여 보청기 영업을 하고 있다는 사실이 알려졌다.
> 이에 B는 A를 업무상배임과 부정경쟁방지 및 영업비밀보호에 관한 법률 위반(영업비밀누설 등)으로 고소하였다.

서울중앙지방법원 2022. 7. 8. 선고 2021노2237 판결을 각색함

"영업비밀"이란 공공연히 알려져 있지 아니하고 독립된 경제적 가치를 가지는 것으로서, 비밀로 관리된 생산방법, 판매방법, 그 밖에 영업활동에 유용한 기술상 또는 경영상의 정보를 말한다.

문제가 된 것은 매출 관련 정보였는데 피해 회사의 제품군별 판매 수량 및 매출액의 전체 합계가 기재되어 있지만, 그 이상의 구체적인 정보

가 포함되어 있지 않았다.

단순한 매출액 전체 합계는 그 자체만으로 경쟁상 이익을 얻거나 영업비밀로 보호되어야 할 정도로 경제적 가치를 가졌다고 보기는 어렵다.

특히 시장점유율과 같은 정보는 경쟁자들 사이에 공개된 정보라고 봄이 적절하고, 경쟁회사의 매출액 및 예상 매출액 등의 정보는 추측에 기댄 것으로서 정확성을 담보하기 어려우며, 피해 회사의 매출액은 실제 수치이지만 총매출액 자체만으로 경제적 가치가 있다고 보기 어렵고 경쟁사가 이를 알더라도 영업에 사용하여 유리한 위치를 확보하는 것은 아니라는 것이다.

그럼에도 불구하고 이와 같은 자료를 영업비밀 그 자체로 볼 수는 없지만 업무상배임죄는 성립한다고 할 수 있다.

업무상배임죄는 형법 제356조에 근거하는데 타인의 사무를 처리하는 자가 업무상 임무에 위배하는 행위를 해 재산상 이익을 취득하거나, 제3자에게 취득하게 해 본인에게 손해를 가한 때 적용된다. 형법 제356조는 10년 이하의 징역 또는 3,000만 원 이하의 벌금에 처하도록 규정하고 있다.

〈영업비밀의 이해〉

지식재산기본법 제3조: '지식재산'이란 인간의 창조적 활동 또는 경험 등에 의하여 창출되거나 발견된 지식·정보·기술, 사상이나 감정의 표현, 영업이나 물건의 표시, 생물의 품종이나 유전자원(遺傳資源), 그 밖에 무형적인 것으로서 재산적 가치가 실현될 수 있는 것을 말한다.

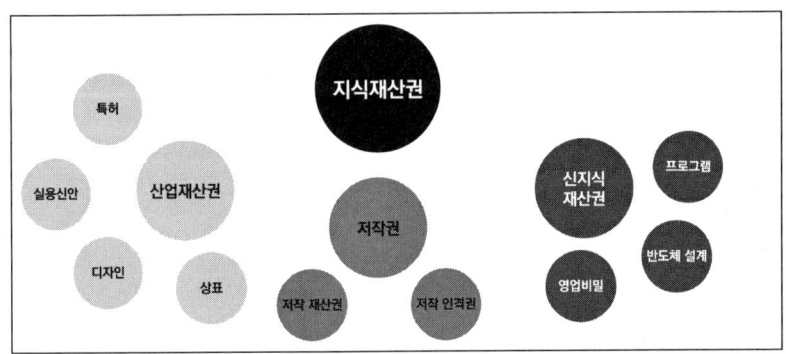

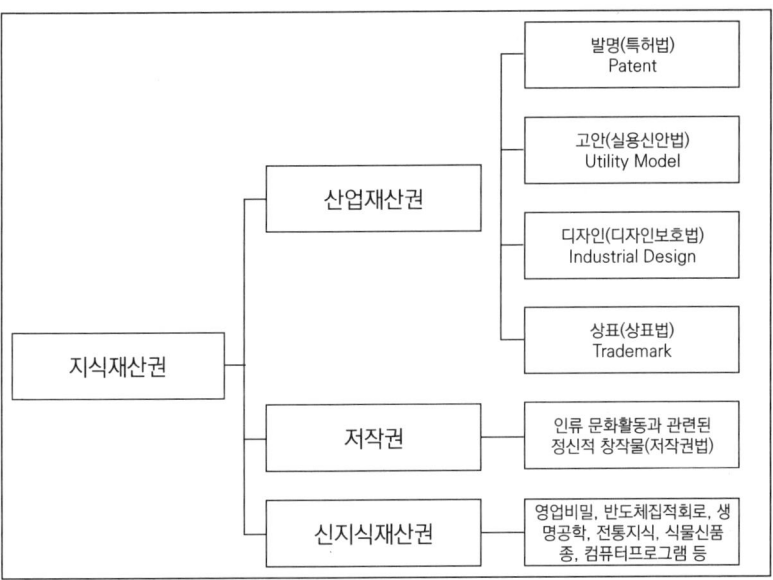

2

> A는 의료용 소재 제조 및 도매업 등을 목적으로 설립된 법인 B에서 의료용 원단을 주요 생산품으로 제조하는 부서에서 일하는 직원으로 퇴사 후 B의 자재 구입 단가, 제품 판매 단가, 판매 현황 등을 알 수 있는 전사적자원관리 시스템(ERP)에 A 명의의 계정 정보가 아직 삭제되지 않았음을 이용하여 위 전산에 접속한 후, 구매내역 정보가 기재된 파일 2개를 무단으로 내려받았다. 이후 B는 A가 B의 전 직원이었던 C와 함께 경쟁업체를 설립하여 의료용 원단을 공급받아 가공하거나 직접 생산하여 판매하고 있으며 구매내역 정보가 기재된 곳에서 영업 가로채기를 하는 것을 알게 되었다.
>
> 이에 B는 A와 C를 업무상배임과 부정경쟁방지 및 영업비밀보호에 관한 법률 위반으로 고소하였다.

수원지방법원 2022. 7. 5. 선고 2020고단9193 판결을 각색함

"영업비밀"이란 공공연히 알려져 있지 아니하고 독립된 경제적 가치를 가지는 것으로서, 비밀로 관리된 생산방법, 판매방법, 그 밖에 영업활동에 유용한 기술상 또는 경영상의 정보를 말한다.

법원은 A와 C가 거래한 거래처는 B 회사의 파일이 아니라면 알 수 없는 것으로써 B 회사가 영업비밀로서 비밀관리성, 비공지성, 경제적 유용성을 모두 갖추려고 노력하였다고 하였다.

① 비밀관리성: 이 사건 파일 구매내역 자료들은 B의 ERP 시스템에 등록되어 있어 피해 회사를 통하지 않고서는 입수할 수 없고, B의

영업비밀 규정에는 '원료의 구입선, 판매방법 및 영업활동에 관한 사항'을 '극비'로 분류하여 영업비밀의 성격과 중요도에 따라 사용자의 접근권한을 달리 설정하여 관리하고, '극비' 등급의 영업비밀을 사용하거나 반출하는 경우 반드시 부서장 및 보안담당 임원의 사전 승인을 받도록 하고 있었다.

피해 회사는 약 10여 년 전 적지 않은 비용을 들여 ERP 시스템을 구매하여 설치한 이후, 그곳에 거래처 정보 및 단가 정보 등을 저장하여 관리하고 있는데 업무 관련성, 직급을 고려하여 제한된 인원만이 이 사건 자료에 접근하여 활용할 수 있도록 직원 중 1명이 접근권한 부여 여부를 관리하고 있었다.

② 비공지성: A는 관련 논문, 인터넷 검색 등의 방법을 통하여 B가 공급받는 핵심 원재료의 거래처 명단이나 연락처를 충분히 알 수 있으므로 비공지성이 결여되었다고 주장하였다.

그러나 인터넷 검색을 통해서는 해당 재료를 공급받는 전국에 있는 여러 업체들이 동시에 검색될 것이고, 구매를 할지 여부에 대해서는 알 수 없으므로 거래처 정보 그 자체에 영업비밀성이 있다는 것이 아니라 해당 거래처와 B 사이에 거래관계가 있기 때문에 영업비밀성이 있다고 볼 수 있으며, 통상 해당 거래처와 B 사이에 거래관계가 있다는 것은 B를 통하지 않고서는 알기 어렵다.

③ 경제적 유용성: 이 사건 자료들에 기재되어 있는 부자재의 경우, B는 모든 부자재에 관하여 2~3년간의 테스트를 거치면서 부자재 개선 작업을 하여 제품 생산을 하는 데 알맞도록 수정하는 작업을 하

고 있어, 피고인 A가 이러한 부자재들을 이용할 경우 테스트 과정에 소요되는 비용을 절약하여 피해 회사의 부자재로 최단시간 내에 생산할 수 있었다.

B의 거래처 명단 등의 정보는 만약 경쟁업체에 유출될 경우, 경쟁업체가 B의 거래처를 자신의 신규 거래처로 발굴함으로써 B와의 거래에 타격을 주거나, B와 거래를 많이 하지 않는 신규 업체에 접근하여 손쉽게 거래처를 개척할 수 있는 기회를 가질 수 있으므로 구매내역서는 경제적 유용성이 존재한다고 하였다.

B 회사는 A가 퇴사 후 ERP에 접속하지 못하도록 아이디를 삭제하지 않은 부주의함을 보였으나 회사의 정보를 영업비밀로 삼고 최선을 다해 보호하고자 한 노력이 법원에서 인정되었다. 이에 A는 모두 유죄판결을 받았을 뿐 아니라 사회봉사명령도 받게 되었다.

3

A는 소프트웨어 개발 및 유지보수 업체인 B의 개발팀장으로 재직하다가 퇴사하여 동종업체인 C 주식회사를 설립한 자로, B의 피해 회사가 개발하여 비밀로 관리하고 있는 이 사건 프로그램의 프로그램 소스 중 최소 저장 프로시저 99개, 함수 15개, 사용자 정의 데이터 형식 19개 등을 그대로 복제하여 이와 유사한 프로그램을 제작한 다음 D에 납품하자 B 회사는 A를 저작권법 위반, 부정경쟁방지 및 영업비밀보호에 관한 법률 위반으로 고소하였다.

서울남부지방법원 2022. 6. 9. 선고 2019노2479 각색함

검사 측 입장

B는 이 사건 프로그램을 불특정 다수인이 알지 못하도록 아이디와 패스워드를 이용하여 접속자를 제한하는 등 관리하고 있었으므로 이 사건 프로그램이 영업비밀에 해당한다.

A 측 변호사 입장

① B는 이 사건 프로그램에 대외비 표시를 하거나 비밀관리대장에 기재하여 관리하는 등 영업비밀로서 별도로 분류하는 조치를 취한 사실이 없고, 이 사건 프로그램은 회사 내 공용폴더에 보관되어 있었기에 B 직원 모두가 접근할 수 있었다.

② B의 대표이사는 이 법정에서 "개발팀 직원들이 필요하면 이 사건 프로그램을 집으로 가져가 개발을 하기도 하였고 피해 회사에서 이를 허락하였다.", "이 사건 프로그램과 관련하여 보안점검 및 보안교육을 시행한 사실이 없다."라는 취지로 진술한 바 있다.

③ A는 피해 회사에 입사하면서 비밀유지 서약서를 제출한 사실이 없고, 피해 회사가 직원들에게 비밀유지의 내용이 포함된 서약서를 징구한 사실이 없는 것으로 보인다.

법원은 A 측의 손을 들어 주었다.
소스코드를 영업비밀로 보호받고자 하려면 B는 이와 관련한 비밀관리적 조치를 하여야 함에도 해당 프로그램 이용에 아이디와 패스워드 정도만을 운영한 것으로는 부족하다는 것이다.

4

> A는 B 회사의 사업부에서 근무하며 'C 잠수함 구동장치'의 설계 및 개발 업무를 담당하다가 퇴사한 후, 잠수함 제작에 필요한 밸브, 호스 등을 D에 납품하는 E 회사에 입사하였다.
>
> A는 B에서 근무하며 3회에 걸쳐 기술보호서약서를 작성하였고, 퇴사 전에도 별도 비밀유지서약서를 작성하였다. 한편 B는 자체 보안규정 수립 후 직원들로부터 보안서약서를 징구하고, 정기적으로 보안 및 기술보호교육을 실시하였으며, 사내 보호구역을 설정하고, 통신망을 내부망과 외부망으로 구분하고, 개인정보 유출방지 프로그램(DLP), 네트워크 접근 제어 시스템(NAC), 파일 암호화 설정 프로그램(DRM) 등을 운영하여 B에서 생성·관리되는 자료가 외부로 유출되는 것을 방지하기 위한 노력을 기울이고 있었다.
>
> 그럼에도 불구하고 A는 B의 영업상 주요한 자산인 C 장치 관련 설계도면 등 자료를 외부로 유출하여서는 아니 되고, 퇴사 시 폐기 또는 반환해야 할 업무상 임무가 있음에도 업무 중 취득한 C 장치 설계도면, 부품리스트 및 제작 방법 등 총 4,216개 파일을 피고인의 개인 노트북에 저장한 채로 퇴사하였다.
>
> 이에 B는 A를 업무상배임, 방위기술보호법 위반으로 고소하였다.

창원지방법원 2022. 6. 8. 선고 2021고단3191 각색함

법원은 업무상배임 유죄를 인정하면서 방위기술보호법 위반 부분은 무죄로 판단하였다.

'방위산업기술'이란 방위산업과 관련한 국방과학기술 중 국가안보 등

을 위하여 보호되어야 하는 기술로서 방위사업청장이 법 제7조에 따라 지정하고 고시한 것을 말한다. 방위사업청장은 방위산업기술보호위원회의 심의를 거쳐 방위산업기술을 지정한다.

 이때 산업발전을 저해하지 않도록 해당 기술이 국가안보에 미치는 효과 및 해당 분야의 연구 동향 등을 종합적으로 고려하여 필요한 최소한의 범위에서 선정하여야 한다.

 당시 경찰은 방위사업청에 이 사건 C 장치 기술이 방위산업기술에 해당하는지에 대한 판정을 의뢰하였고, 이에 방위사업청이 국방기술품질원에 기술 검토를 요청한 결과, 방위산업기술에 해당하지 않는다고 회신하였다.

 경찰은 국방과학연구소 등에도 의견 제출을 요청하였으나, 그 회신에서 사용한 표현 등에 비추어 보면 이 사건 기술이 방위산업기술에 해당한다고 확정적으로 판단했다고 보기 어렵다.

연도	법률		국외유출		국내유출	
			징역	벌금	징역	벌금
2017년	방위사업기술보호법		20년 이하	20억 원 이하	10년 이하	10억 원 이하
2018년	부정경쟁방지법		15년 이하	15억 원 이하	10년 이하	5억 원 이하
2019년	산업기술 보호법	국가핵심기술	3년 이상	15억 원 이하	10년 이하	10억 원 이하
		산업기술	15년 이하	15억 원 이하		

 잠수함 장치 설계도면, 부품리스트 및 제작 방법이 영업비밀이 아니더라도 그 자료가 불특정 다수의 사람에게 공개되지 아니하였고, 사용

자가 상당한 시간, 노력 및 비용을 들여 제작한 영업상 주요한 자산에 해당하는 경우, 회사 직원이 재직 중 영업상 주요한 자산인 자료를 적법하게 반출하였더라도 퇴사 시에 이를 회사에 반환하거나 폐기할 의무가 있음에도 스스로의 이익을 위하여 이를 반환하거나 폐기하지 아니하였다면, 이는 업무상배임죄를 구성한다.

이 사건 파일들은 B의 영업상 주요한 자산에 해당하고, A가 이를 외장하드디스크에 저장하여 취득한 이상 이를 제3자에게 유출하거나 사용 또는 공개하지 않았다고 하더라도 그 자체로 위 파일들의 시장교환가치에 해당하는 재산상 이익을 취득하고, B에 같은 금액 상당의 재산상 손해 발생의 위험을 초래하였다고 할 것이다.

A는 퇴사하면서 개인 이메일로 보낸 기술자료 파일과 USB에 남아 있던 자료들, K 클라우드에 저장되어 있던 자료들은 모두 삭제하였고, 경찰 조사 당시 그 이유에 관하여 "원래 방산회사를 나가면 삭제하게 되어 있다."라고 진술하여 이러한 사실을 잘 인지하고 있었다고 볼 수 있다.

그럼에도 불구하고 위 파일들을 압수당할 때까지 약 1년 넘게 보관하고 있었던 것이다.

5

> A는 전기 부품 제조업을 목적으로 설립된 B 법인의 연구소장으로 C 회사와 협업을 통해 D 회사가 추진하는 중형 전기버스 개발 프로젝트의 전기버스 배터리팩 부품을 제조하기로 하였다.
>
> 이때 D 회사는 E 회사와 업무협약을 체결하면서 상호비밀유지 약정을 하였다. D와 E는 함께 배터리팩 개발 현황을 합동 점검하면서 배터리의 완속충전에 문제가 있음이 확인되자 B 회사가 해당 문제를 대응해야 할 것 같다는 결론을 내렸다.
>
> 그러자 A는 이 사건 프로젝트 참여 업체 직원 19명에게 '완속충전 문제의 원인은 D 회사가 담당하는 제품에 있다'는 취지의 이 사건 이메일을 발송하였는데, 위 이메일에는 D로부터 제공받은 이 사건 자료, 전기차 배터리 관련 기술 문서가 첨부되어 있었다. 그러자 D는 A에 대해 부정경쟁방지 및 영업비밀보호에 관한 법률 위반으로 고소하였다.

수원지방법원 2022. 4. 27. 선고 2020가합30845를 각색함

D의 주장

A는 신의칙 또는 묵시적 약정에 따라 D의 영업비밀인 이 사건 자료 전기차 배터리 관련 기술 문서를 비밀로서 유지할 의무가 있음에도, 영업비밀 보유자인 D에게 손해를 입힐 목적으로 이 사건 자료를 공개하여 D의 영업상 이익을 침해하였다.

법원의 판단

　부정경쟁방지법 제2조 제3호 라목의 영업비밀 침해행위에 해당하기 위해서는 '피고들이 부정한 이익을 얻거나 원고에게 손해를 입힐 목적'이 인정되어야 하는데, 원고 제출의 증거만으로는 피고들에게 부정한 목적이 있었다고 인정하기 부족하다.

① 이 사건 이메일의 주된 내용은 '문제의 원인은 피고 회사의 제품이 아닌 원고 제품에 있다는 설명', '그 해결을 위하여 원고와 상의하여 프로토콜을 정의하겠다는 취지의 제안' 등이고, 이 사건 자료는 위와 같은 원인 분석 및 해결책에 대한 논거로 사용되었던 점

② 원고가 이 사건 자료를 작성하긴 하였으나 이 사건 프로젝트의 업무 수행에서 피고 회사와의 협업을 통하여 피고 회사의 기술정보도 반영하여 작성한 것이므로, 이 사건 프로젝트의 범위 내에서는 피고 회사도 이 사건 자료를 사용할 수 있는 것으로 보인다는 점

③ 이 사건 프로젝트에 참여한 모든 업체들 간의 비밀준수 범위가 정해져 있지 않은 이상 피고 회사가 이 사건 프로젝트의 업무 수행 과정에서 참여 업체들에게 이 사건 자료를 보낸 것만으로는 이 사건 프로젝트의 목적 범위를 벗어난 행위라고 단정할 수 없다는 점(원고와 피고 역시 이 사건 자료에 관한 비밀준수의 범위를 명확히 설정하지 않은 채 이 사건 자료를 공유함)

④ 프로젝트 참여 업체 중 원고와 동일한 사업을 하거나 그러한 사업 영역에 진출하려는 업체가 이 사건 자료를 이용할 경우 원고에게 손해가 발생할 여지는 있으나 피고들이 그러한 손해 발생 가능성을 인식하고 의도하였다고 보기 어려운 점

⑤ 이 사건 이메일 중 일부 내용이 사실과 다르다고 하더라도 그러한 사정만으로 피고 회사가 완속충전 문제의 책임을 원고에게 돌려 손해를 가하기 위하여 공개한 것으로 볼 수 없다.

6

> A는 공인회계사 자격증을 소지한 사람으로, B 회사에서 가치평가업무를 담당하였던 자로서 A는 B 회사를 퇴사한 후 회계법인 C를 설립하였고, A가 퇴사할 즈음에 회사에서 근무하였던 직원 총 9명이 퇴사하여 C 회사에 입사하였다. 한편 A와 이 사건 퇴사자들 중 7명은 이 사건 파일인 기업의 가치평가보고서 가운데 일부를 외장하드 등에 저장하여 퇴사하였다. B 회사는 A 등이 "영업비밀 준수 및 경업금지 서약서"에 서명하였으므로 일정 기간 전직이 금지된다고 주장하였다.

서울동부지방법원 2022. 4. 7. 선고 2021카합10343을 각색함

동종업계로 이직한 것에 대해 B 회사는 자료 반출입증에 대해서 실패하였다.

B 회사는 원드라이브 서비스를 통해 회사의 보고서 등 영업 정보를

관리하고 있는데, 이에 의하면 B 회사의 직원은 원칙적으로 개인 기기를 이용하여 데이터나 보고서를 저장하거나 정보를 이동하는 것이 차단되고, 승인받은 이동식 저장장치로만 데이터를 보관하여야 하는데, A는 이 사건 파일 중 78개를 개인 외장하드에 저장하였다.

그러나 A가 위 파일들을 자신의 외장하드에 저장한 것은 그의 후임자로 정해진 C에게 업무 인수인계를 하기 위함으로 보이고, 그러한 방식의 인수인계가 B 회사의 영업정보관리방침에 위배될 수 있다고 하더라도 해당 파일을 반출한 것은 소명되지 않았다.

전직금지약정의 한계

근로자는 사용자에게 근로를 제공하는 과정에서 다양한 경험으로 여러 가지 지식과 기능을 습득하게 된다. 그러나 당해 사용자만이 가진 특수한 지식은 사용자에게는 일종의 객관적인 재산이고 다른 사람에게 양도할 수 있는 가치를 가지고 있다는 점에서 일반적인 지식과 그 성질이 전혀 다르고, 영업상의 비밀로서 영업활동의 자유와 함께 보호받아야 할 법익이다.

공인회계사라는 자격에 기하여 근로자가 된 경우 공인회계사로서의 일반적인 지식과 경험을 넘어서 채권자 회사만이 고유하게 가지고 있는 중요한 정보를 위 채무자가 알고 있다는 점을 채권자 회사가 소명하여야 할 필요가 있다.

채권자 회사는 퇴사자들이 가치평가보고서를 작성하면서 회사의 노하우가 집대성되어 있다고 주장하나 공인회계사와 같은 전문직은 기본적으로 법률과 회계기준 등 보편적 지식을 바탕으로 업무를 수행하는 데다, 채권자가 제출한 자료만으로는 이 사건 파일의 보고서나 용역제안서 등이 다른 회계법인이나 법무법인에 없는 독자적 모델, 기법, 전략, 정보를 담고 있는지, 그 구체적 내용은 무엇인지를 알기 어렵다.

또한, 전직금지약정은 전직금지의 범위를 채권자 회사와 경쟁 관계에 있는 업체로 포괄적으로 제한하고 있는데 여기서 '경쟁사'라 함은 채용 직원의 수나 매출액에서 채권자 회사와 규모가 비슷한 회계법인이나 법무법인 등을 말한다고 봄이 타당하고, 특정 분야에 전문성이 있어 잠재적으로 그 분야에 경쟁이 있을 수 있다는 이유로 채권자에 비해 규모가 훨씬 작은 회사까지 모두 '경쟁사'라 볼 수는 없다.

7

A는 반도체 및 디스플레이 관련 장비 개발 및 생산을 하는 회사 B의 설계팀장으로 근무하다가 B의 협력회사 C로 이직하였다. 이때 장비 설계도, 개선 방법, 사양서, 구성도 등의 기술 파일을 개인소유 외부저장장치에 담아 유출하였는데 B의 「패널 마스크 세정공정 기술」은 산업통상자원부 고시에 의해 관련 기술 중 첨단기술로 지정되어 있다. 그 밖에도 주요한 자료 합계 14,913개의 파일을 이메일에 첨부하거나 해외 출장 명목으로 B 회사 공용 노트북을 이용하여 B 회사 서버에서 다운받은 파일을 A 개인 외부저장매체로 옮기는 방법으로 유출하였다. 이에 B는 A를 업무상배임, 산업기술의 유출방지 및 보호에 관한 법률 위반, 부정경쟁방지 및 영업비밀보호에 관한 법률 위반으로 고소하였다.

수원지방법원 안양지원 2022. 5. 26. 선고 2018고단2059을 각색함

산업기술에 해당되면 부경법상 영업비밀과 달리 비공지성, 경제적 유용성, 비밀관리성을 요구하지 않고, 산기법 제2조 제1호 각 목 어느 하나의 요건을 갖춘 이상 특별한 사정이 없는 한 비밀유지의무의 대상이 되어 산기법상 주의의무가 모두 적용된다.

그 산업기술과 관련하여 특허등록이 이루어져 산업기술의 내용 일부가 공개되었다고 하더라도 그 산업기술이 전부 공개된 것이 아닌 이상 비밀유지의무의 대상에서 제외되는 것은 아니며, 이 사건 기술 파일들의 경우, 산업통상자원부가 발급한 첨단기술제품 확인서, 첨단기술 및 제품의 범위 해당 여부 질의에 대한 회신, 감정인의 감정 결과를 고려하였을 때 첨단기술로서 산업기술보호법의 보호 대상이 되는 산업기술에 해당한다.

A는 B의 자료를 사용한 적이 없다고 주장하였으나 B는 산업기술인 이상 반출 자체가 금지되며 카드 인식 방식의 시건장치가 설치된 문서고에 오프라인 문서를 보관하고 열람가능자를 제한하고 있고 PC 서버에 보안프로그램을 설치하여 개인 USB 내지 외장하드의 쓰기 기능을 차단하고 있다고 하였다.

A는 퇴사 당시 보안정책 해제 요청서를 제출하지 아니한 채 피해 회사 보안정책에 반하여 이 사건 기술 파일을 본인 소유 USB에 옮겼고, 퇴사 후에 이를 삭제하지 아니하였으므로 이를 유출하였다고 볼 것이며 나아가 A는 업무 중 메일의 '내게 쓰기' 기능을 이용하여 파일을 전송한 후 퇴사 시 이를 삭제하지 아니하고 그대로 보관하였는데 이를 사용하지 않았다고 하더라도 불법적인 행위라고 할 것이다.

〈영업비밀과 산업기술보호의 차별점〉

	산업기술보호법	부정경쟁방지법
목적	산업기술의 부정한 유출방지 국가핵심기술의 보호	부정한 영업비밀 침해 행위 방지
적용범위	기업, 연구기관, 대학	영업비밀 보유자 전체
적용대상	산업기술 및 국가핵심기술 · 산업경쟁력/국가안전보장/국민경제 · 중앙행정기관의 장 지정·고시 · 산업기밀·특허 등 형태	영업비밀 (기술상·경영상 정보)
정부 관리 체계	기본계획 및 시행계획 수립 국가핵심기술의 지정/수출승인(신고) 보호조치·실태조사·교육·지원·포상 등	정부 관리체계 규정 없음
형사처벌	· 국가핵심기술 국외 유출 시 3년 이상의 유기징역 및 벌금 병과 · 부정한 방법에 의한 산업기술의 해외 유출 시 15년 이하 징역, 15억 원 이하 벌금 · 부정한 방법에 의한 산업기술의 국내 유출 시 10년 이하 징역, 10억 원 이하 벌금	· 부정한 이익 등을 얻을 목적으로 영업비밀의 해외 유출 시 15년 이하 징역, 15억 원 이하 벌금 또는 그 재산이득액의 2배 이상 10배 이하에 상당한 벌금 · 부정한 이익 등을 얻을 목적으로 영업비밀의 국내 유출 시 10년 이하 징역, 5억 원 이하 벌금 또는 그 재산이득액의 2배 이상 10배 이하에 상당한 벌금
민사적 구제	금지청구권, 손해배상청구권(3배 배상 포함)	금지청구권, 손해배상청구권(3배 배상 포함)
보호요건	없음	비공지성/비밀관리성/ 경제적 유용성
분쟁조정	산업기술 분쟁조정 제도	없음(발명진흥법상 '산업재산권분쟁조정')
특징	산기법이 특별법으로 우선 적용, 또한 실무적으로 영업비밀과 같은 요건이 없어 법률적용 용이 - 산업기술의 유출방지 및 보호에 관하여는 다른 법률에 특별한 규정이 있는 경우를 제외하고는 이 법이 정하는 바에 따른다(산기법 제4조)	

8

> A는 B 회사에 명예퇴직을 신청하고 퇴사하는 과정에서 이 사건 영업비밀 문서들을 출력하여 일부는 회사에서 읽고 나머지는 집에 가서 읽거나 논문에 사용하기 위하여 출력문서를 가져갔다.
>
> 이에 B 회사는 A는 7년 차 부장으로 이 사건 문서들이 외부로 유출될 경우 피해 회사에 손해를 가할 수 있다는 점을 충분히 인식하였을 것으로 보이는 점, 출력한 문서들 중 일부는 피해 회사 내에서 읽은 후 폐기하였으나 이 사건 문서들은 외부로 유출한 점 등을 들어 A는 부정한 이익을 얻거나 B에 재산상 손해를 입힐 목적이 있었다고 부정경쟁방지 및 영업비밀보호에 관한 법률 위반, 업무상배임죄로 고소하였다.

서울남부지방법원 2022. 5. 12. 선고 2021노2056를 각색함

A의 주장

A는 이 사건 문서들에 관하여 피해 기업은 비밀이라고 인식될 수 있는 표시를 하거나 고지를 한 바가 없고, 접근할 수 있는 대상자나 접근 방법을 제한하지도 않았으며, 접근한 자에게 비밀준수의무를 부과하지 않았다고 하였다.

또한, 이 사건 문서들, 사업전략 및 경쟁사와 비교를 담은 문서를 외부로 유출하였다 하더라도 영업비밀 누설의 고의나 부정한 이익을 얻거나 영업비밀 보유자에게 손해를 가할 목적이 없었으며 피해자 회사에 손해가 발생할 구체적, 현실적 위험이 야기되었다고 볼 수 없다고 하였다.

법원의 판단

대법원은 영업비밀에 해당하기 위해서는 상당한 노력에 의하여 비밀로 유지될 것을 요한다면서, 이는 ① 그 정보가 영업비밀임을 표시·고지하고, ② 접근 제한을 하거나 ③ 접근한 자에게 비밀유지의무를 부과하는 등 객관적으로 그 정보가 비밀로 유지·관리되고 있다는 사실이 인식 가능한 상태인 것을 말한다고 판시하였다.

따라서 상당한 노력에 의하여 비밀로 유지되는지에 관하여 위 ①, ②, ③의 경우는 예시에 불과하고 위 예시의 경우에 해당하지 않더라도 '객관적으로 그 정보가 비밀로 유지·관리되고 있다는 사실이 인식가능한 상태'에 해당한다는 점이 인정된다면 충분한 것이다.

이 사건 문서 중 일부의 우측 하단에는 "이 문서는 ㈜C의 승인 없이 변경 및 복사, 반출할 수 없습니다."라는 문구가 기재되어 있고 우측 상단에는 이 문서를 출력한 자의 소속, 성명, 출력일시가 기재되어 있으며, 다른 일부 문서의 오른쪽 상단에는 '대외비' 표시가 되어 있었다.

피고인이 출력한 문서들 가운데 특정 문서에만 위 표시가 있는 점에 비추어, 피해 회사는 문서들을 중요도에 따라 분류하여 기밀 표시를 하였고 이는 그 정보가 비밀이라 인식될 수 있는 표시가 되었다고 할 것인데 피해 회사는 보안프로그램, USB 등 외부장치의 사내 PC 가동 제한, 문서보안시스템 등을 통하여 회사 정보에 접근할 수 있는 대상자 및 접근 방법을 제한하고 있었다.

이 사건 범행 역시 피해 회사가 평소 임직원의 인쇄 내역을 모니터하던 중 발각된 것이며 단지 외근, 재택근무 시에는 문서출력이 제한받지 않았다는 사정만으로 피해 회사가 문서출력을 제한하지 않고 있다고 볼 수 없다.

피해 회사는 비밀유지 서약서, 사내 규정, 보안교육 등을 통해 비밀준수의무를 부과하고 있었고 '임직원 생활 보안 수칙'에는 "업무자료는 외부 전송 및 반출 시 사전 승인을 받고, 외부에 유출하지 않습니다."라고 기재되어 있었다. 피고인은 인사 규정, 취업규칙 등의 사내 규정들은 단순히 문서의 내용을 확인하기 위하여 회사 밖으로 들고 나가는 것을 금지하는 규정이 아니라고 주장하나, 위 규정들은 피해 회사의 정보가 외부에 유출되지 않도록 준수하는 의무를 부과하여 외부로 무단 반출하는 행위도 금지하고 있었다.

PART 2

산업보안과 3대 기술보호지침

산업보안이란 산업적으로 보호할 가치가 있는 유무형의 자산을 보호하는 것을 말하는데, 영리적인 것에 한정되지 않고 비영리적인 것도 포함한다. 이때 산업이란 재화나 서비스를 생각하는 활동을 말하는데 보안이란 범죄의 위협으로부터 생명, 신체, 재산을 보호하고 사회 안녕과 질서를 지키는 제반 활동 전체를 말한다.

안전이란 어디까지나 위험과 위협이 우연 또는 필연으로 발생하지 않도록 하는 것으로 산업활동에 유용한 기술상, 경영상의 모든 정보와 기업 내 인원, 문서, 시설, 자재 등을 보호하는 활동 외에 특정한 관계가 없는 자에게 기업이 원치 않게 정보가 누설되거나 침해당하지 않도록 보호하고 이를 관리하는 대응 방안과 활동 전체를 산업보안이라 할 수 있을 것이다.

산업보안은 모든 회사나 단체, 연구소 등이 유지하고자 하는 일반적인 정보 누설과 침해 방지 활동 외에 산업기술, 전략기술, 국가핵심기술, 방위기술, 금융데이터 등 보호대상에 따라 또는 공항 보안, 철도 보안, 병원, 연구소 등과 같은 특수시설 보안과 같이 보호범위에 따라 특수보안 형태로 나눌 수 있을 것이다.

국내에서는 1980년대 말부터 산업보안이라는 표현이 쓰인 것으로 보이며 2003년 10월 국가정보원에 "산업기밀보호센터"가 설립되면서 경제스파이를 국가가 중요한 범죄로 인식하기 시작했음을 알렸다.

또한 부정경쟁방지 및 영업비밀보호에 관한 법률상 비밀관리성, 비공지성, 경제적 유용성이라는 세 요건을 갖추어야만 영업비밀이라고 보다 보니 이러한 준비가 되어 있지 못한 기관의 주요 기술 등이 국내외 유출되는 부분에 있어 2006년 산업기술의 유출방지 및 보호에 관한 법률이 제정되면서 산업기술이 무엇인지와 국가핵심기술을 다루는 기관의 주의의무에 대해 국가가 최소한의 가이드라인을 설정해 주면서 법률용어로 수용되기에 이르렀다.

이후 2016년 세계경제포럼에서 4차 산업혁명이라는 표현을 쓰면서 4차 산업혁명을 3차 산업혁명 기반으로 디지털, 바이오, 물리학 등 경계를 융합하는 기술혁명이라는 표현을 쓰자, 4차 산업혁명이 미래의 먹거리라고 판단한 많은 국가들은 앞다투어 이러한 기술을 보호하기 위해 노력하고 있다. 즉, AI, IoT, 빅데이터, 블록체인, 클라우드 컴퓨팅 기반의 사람, 사물, 공간이 상호 연결되는 시스템 구현을 앞두고 어떻게 보안 위협을 막아 낼 것인지 탐지와 대응에 촉각이 곤두서고 있는 것이다.

그중에서도 2017년 6월 우려는 현실로 나타나 호스팅 업체인 '인디넷나야나'가 랜섬웨어에 감염되는 사건이 발생했다. 1만여 웹사이트 다수의 이용자가 입주한 서버인 만큼 그 피해가 컸고 인터넷나야나 측이 브라질(공격지) 해커가 요구한 13억을 지불하는 방식으로 웹 서버 및 백업 서버 153대가 랜섬웨어 일종인 에레버스(Erebus)의 리눅스용 변종에서 벗어나자 업계는 심각한 공포를 느꼈다.

이러한 외부 공격 외에도 내국인이 해외로 기술을 유출해 가는 경우는 계속 증가하고 있는데 2022년 1월 특허청과 국가정보원이 발표한 최근 5년간 국가핵심기술 해외 유출 사례는 121건이며, 이로 인한 피해액만 20조라고 한다. 이에 대해 정부는 전문임기제 특허심사관을 퇴직 핵심인력에서 앞으로 5년간 1,000~2,000명 선발하겠다고 하였으나 중국은 만 35세 이하 석사학위 이상 학력 소지자로 이미 1만 1천 명의 전문임기제 특허심사관을 2011년 특허심사협력센터 설립 이후 채용했다.

대표적인 사례가 2010년 아라미드 유출 사건으로 30년간 국가연구비 215억 원을 지원받았던 파라 아라미드(헤라크론 섬유) 기술을 김 씨가 외국 경쟁사로 유출한 것인데 연구소의 암호화 서버에 침입하여 182개 신제품 개발 기술을 빼냈고 일본, 중국 경쟁사 홈페이지에 이를 누설하였는데도 이를 깨닫는 데는 많은 시간이 걸렸다. K사 연구소의 연구 보안이 취약하였던 점이 밝혀졌다.

2015년 LG 디스플레이 유기발광다이오드(OLED) 기술 유출 사건 역시 국내 OLED 시장은 삼성과 LG가 버티고 있어 중소기업이 쉽게 상생하기 어려운바, 이 점을 알고 있는 BOE, 에버디스플레이 같은 중국업체가 국내 중소기업을 지렛대 삼아 OLED 기술력을 끊임없이 확보해 나간다는 사실이 밝혀진 바 있다.

이후 중소기업기술보호법이 제정되는 등 국가가 중소기업기술보호에 적극적으로 나서자 2020년 중국은 LCD(액정표시장치), 반도체, OLED까지 한국 인력 빼 가기에 집중하고 있다. 잡코리아, 인크루트 등 헤드헌팅업체 게시판에 중국기업의 OLED 기술 전문가 파격 대우 게시글이 계속 올라오고 있는 것이다. 실제 계약을 하겠다고 하면 현재 연봉 최소 10배 이상을 제시하는 등 시진핑 2기 이후 만인계획의 실현을 자주 목도할 수 있다.

아직 자율보안으로 가기에는 산업보안 체계의 중요성을 널리 알리지 못했지만, 국가의 발 빠른 산업기술유출보호법 제정을 통해 돌연 사직서를 제출한다든가 하는 직원들의 이상행동 탐지 및 퇴직자 관리시스템 등 보안서약서와 교육 이수증 징구를 넘어서 적극적인 시스템을 마련한 덕분에 상당히 산업을 보호하고 있는 것이 사실이다.

그럼에도 불구하고 이스라엘 검사장비 납품사를 통해 검사나 인증 등의 제도를 승인받으려다가 기술 유출이 일어나고 있다. 디스플레이 검사장비 납품업체 한국지사 직원이 점검 장비로 아몰레드 패널의 불량 부위를 확인하던 중 감시가 소홀한 틈을 타 점검 장비 카메라로 회로도 사진 20여 장을 촬영하였고 이것이 BOE 중국회사에 넘어간 것이다. 아몰레드(능동형 유기 발광 다이오드 패널) 기술은 응답속도가 LCD보다 1,000배 빨라 그 가치가 90조 원대로 평가받는 기술이다.

이에 산업기술보호지침, 중소기업기술보호지침, 방위기술보호지침 3대 기술보호지침 외에도 정부는 금융보안과 관련하여 금융회사의 정보기술(IT)·보안 인력 및 예산 산정 비율을 담은 이른바 '5·5·7 기준'을 마련해 금융권에 권고하도록 하고 있다. 금융보안원은 신용정보보호법상 데이터 결합 보안인증기관으로서 금융회사가 전체 인력의 5% 이상을 IT 인력으로 채용하고, IT 인력 가운데 5% 이상은 보안 인력으로 두며, IT 예산의 7% 이상을 보안 예산으로 확보하라는 게 핵심 골자다. 금융위원회가 2011년 마련한 전자금융감독규정에 담긴 기준으로 이 규정이 효력을 잃게 되자 금융보안원이 자율 기준 성격으로 다시 제시한 것이다. 궁극적으로 정부가 리드하는 지침이 산업에 안착하면 미국과 같이 자율보안으로 보안업계의 자율경쟁체계로 시장에 맡기는 것이 좋다는 것을 모르는 사람은 없다. 저작권법 제104조가 필터링과 관련한 기술만 저작권보호기술로 지정하자 기타 DRM 산업은 무너졌었던 과거를 볼 때 국내에서 가장 보안 체계가 잘되어 있는 금융보안에서 공인인증서 등을 삭제해 나가며 자율보안으로 나아가고 있는 것은 사실이지만 아직 산업계는 기본적인 보안 예산조차 변변히 편성해 놓지 못하고 있는 것이 사실이다. 추후 기업의 효율경영에서 보안경영이 필수적으로 포함되어야 할 필요가 거기에 있다.

국내 기술보호 관련 법 연혁

- 1991년: WTO/TRIPs 가입 염두에 두고 부정경쟁방지법의 개정을 통하여 영업비밀 보호 시작
- 2006년: 당시 부정경쟁방지법의 '기업'의 영업비밀 보호에 한계가 발생함. 계속되는 국공립연구소 기술 유출로 산업기술유출방지법 제정
- 2014년: 중소기업기술보호지원에 관한 법률 제정
- 2015년: 방위산업기술보호법 제정
- 2022년: 국가첨단전략산업법 제정

관련 법 흐름

- 영업비밀 보호에서 산업기술 전반으로 확대, 기업에서 국공립연구소 등으로 확대(부정경쟁방지법에서 산업기술보호법으로)
- 유사 법률의 등장(방위산업기술보호법, 중소기업기술보호법 등)
- 최근 기술 유출뿐만 아니라 대기업·중소기업 등의 '기술탈취'에 대한 보호 강화, 이에 하도급 거래 공정화에 관한 법률, 대중소기업 상생협력법 등의 개정에 따른 기술탈취 방지(기술자료 개념 도입, 비밀유지계약서 작성 의무, 징벌적손해배상 등)
- 일본의 무역 보복, 미중 패권 경쟁에 따른 공급망 문제 등장에 따라 '소부장특별법'(전부개정), 국가첨단전략산업법 제정되어 첨단기술 유출 방지에서 공급망 문제에 따른 국가안보 차원으로 확대

각국의 법제

1. 미국

- 1979년 미국 통일주법위원회에서 모델법인 「통일영업비밀법(UTSA: Uniform Trade Secrets Act)」 제정
- 1996년 형사처벌을 목적으로 한 연방 차원의 「경제스파이법(EEA: Economic Espionage Act)」 제정
- 2016년 연방 차원의 민사법인 「영업비밀보호법(DTSA: Defend Trade Secrets Act)」 제정
- 2018년 외국인투자심의위원회(CIFUS) 「외국투자위험심사현대화법(Foreign Investment Risk Review Modernization Act: FIRRMA)」을 제정
- 2018년 「수출통제개혁법(Export Control Reform Act: ECRA)」을 제정
- 2021년 미 상원을 통과한 「미국혁신경쟁법(안)[United States Innovation and Competition Act of 2021(S. 1260): USICA]」은 중국의 부상에 대응하기 위해 미래기술, 과학, 연구 분야로 확장

2. 일본

- 1934년 「부정경쟁방지법」 제정, 1991년 영업비밀 보호 시작(「부정경쟁방지법」 개정)
- 2022년 5월 「경제안전보장추진법」을 제정

3. 중국
- 1993년 「반부정당경쟁법」 제정, 2019년 해킹에 의한 영업비밀침해 방지 등 「반부정당경쟁법」이 개정

2019년 산업기술 보호법 개정

- 국가핵심기술 M&A 규제 강화(국가 연구개발 지원 시: 신고 → 승인)

구분	매각, 이전 등 수출 (제11조)	(개정 전) 해외 인수, 합병 등 (제12조)	(개정 후) 해외 인수, 합병 등 (제12조)
국가연구개발비 지원 ○	사전 승인	사전 신고	사전 승인
국가연구개발비 지원 ×	사전 신고	-	사전 신고

- 산업기술의 유출 및 침해행위 금지 의무 유형에 소송 등 적법한 경로로 정보를 제공받은 경우 추가(제14조)
- 고의성 있는 "국가핵심기술"의 유출 및 침해행위를 하는 경우에 3년 이상의 유기징역에 처하는 등 산업기술의 유출 및 침해 행위의 처벌 기준을 강화함(제36조 제1항)

산업기술의 유출 및 침해행위(산기법 제14조 제1호-8호)

1. 부정취득행위
- 부정취득, 사용, 공개하는 행위
- 부정취득 한 산업기술을 악의, 중과실로 취득, 사용, 공개하는 행위
- 선의취득 후 악의, 중과실에 의한 사용, 공개 행위

2. 부정공개행위

- 부정공개, 사용, 공개하는 행위
- 부정공개 된 산업기술을 악의, 중과실로 취득, 사용, 공개하는 행위
- 선의취득 후 악의, 중과실에 의한 사용, 공개행위

3. 기술문서 등 반환, 삭제 요구 거부

4. 사위행위 및 명령불이행

- 부정 승인 후 기술 수출
- 부정 신고 후 해외 인수, 합병
- 수출중지, 수출금지, 원상회복 능의 산업통상자원부장관 명령 미이행

5. 적법경로 산업기술정보 제공받은 자의 목적 외 사용, 공개

Ⅰ. 산업기술 보호지침

ⅰ. 목적

산업통상자원부장관은 「산업기술의 유출방지 및 보호에 관한 법률」(이하 "법"이라 한다) 제8조(보호지침의 제정 등) 및 「산업기술의 유출방지 및 보호에 관한 법률 시행령」(이하 "영"이라 한다) 제10조(보호지침의 제정)에 따라 국가핵심기술 등 산업기술의 유출을 방지하고 보호하기 위해 필요한 사항을 규정함을 목적으로 한다.

ⅱ. 정의

1. "산업기술"이라 함은 제품 또는 용역의 개발·생산·보급 및 사용에 필요한 제반 방법 내지 기술상의 정보 중에서 행정기관의 장이 산업경쟁력 제고나 유출방지 등을 위하여 법 또는 다른 법률이나 법 또는 다른 법률에서 위임한 명령에 따라 지정·고시·공고·인증하는 법 제2조 제1호 각 목의 어느 하나에 해당하는 기술을 말한다.
2. "국가핵심기술"이라 함은 국내외 시장에서 차지하는 기술적·경제적 가치가 높거나 관련 산업의 성장잠재력이 높아 해외로 유출될 경우에 국가의 안전보장 및 국민경제의 발전에 중대한 악영향을 줄 우려가 있는 기술로서 법 제9조의 규정에 따라 지정·고시된 것을 말한다.
3. "대상기관"이라 함은 산업기술을 보유한 기업·연구기관·전문기관·대학 등을 말한다.

4. "국가핵심기술 취급 전문인력"이라 함은 국가핵심기술의 연구개발, 설계, 제조·생산기술 등에 참여하거나 직접적인 영향을 미치는 중요인력을 말한다.
5. "산업기술보호 실태조사"라 함은 법 제17조 및 영 제22조에 따라 산업통상자원부장관이 필요한 경우 정보수사기관의 장의 협조를 받아 대상기관이 보유하고 있는 산업기술의 보호와 관리 현황, 법 제13조 제1항에 따른 개선권고 이행 현황 및 대상기관의 보안취약점 점검을 실시하는 것을 말한다.
6. "국가핵심기술 판정"이라 함은 법 제9조 제6항 및 영 제13조의2에 따라 산업통상자원부장관이 대상기관이 신청한 기술이 국가핵심기술에 해당하는지에 대해 검토 및 협의하여 결과를 통지하는 절차를 말한다.
7. "산업기술 확인"이라 함은 법 제14조의3 및 영 제19조의3에 따라 산업통상자원부장관이 대상기관이 보유한 기술이 법 제2조에 의한 산업기술에 해당하는지에 대하여 확인하는 절차와 방법 등을 말한다.

산업기술 및 국가핵심기술의 정의

제2조(정의) 이 법에서 사용하는 용어의 정의는 다음과 같다.
1. "산업기술"이라 함은 제품 또는 용역의 개발·생산·보급 및 사용에 필요한 제반 방법 내지 기술상의 정보 중에서 행정기관의 장(해당 업무가 위임 또는 위탁된 경우에는 그 위임 또는 위탁받은 기관이나 법인·단체의 장을 말한다)이 산업경쟁력 제고나 유출방지 등을 위하여 이 법 또는 다른 법률이나 이 법 또는 다른 법률에서 위임한 명령(대통령령·총리령 부령에 한정한다. 이하 이 조에서 같다)에 따라 지정·고시·공고·인증하는 다음 각 목의 어느 하나에 해당하는 기술을 말한다.

가. 제9조에 따라 고시된 국가핵심기술
나. 「산업발전법」 제5조에 따라 고시된 첨단기술의 범위에 속하는 기술
다. 「산업기술혁신 촉진법」 제15조의2에 따라 인증된 신기술
라. 「전력기술관리법」 제6조의2에 따라 지정·고시된 새로운 전력기술
(☞ "다."에 통합, 삭제예정)
마. 「환경기술 및 환경산업 지원법」 제7조에 따라 인증된 신기술
바. 「건설기술 진흥법」 제14조에 따라 지정·고시된 새로운 건설기술
사. 「보건의료기술 진흥법」 제8조에 따라 인증된 보건신기술
아. 「뿌리산업 진흥과 첨단화에 관한 법률」 제14조에 따라 지정된 핵심 뿌리 기술
자. 그 밖의 법률 또는 해당 법률에서 위임한 명령에 따라 지정·고시·공고·인증하는 기술 중 산업통상자원부장관이 관보에 고시하는 기술

2. "국가핵심기술"이라 함은 국내외 시장에서 차지하는 기술적·경제적 가치가 높거나 관련 산업의 성장잠재력이 높아 해외로 유출될 경우에 국가의 안전보장 및 국민경제의 발전에 중대한 악영향을 줄 우려가 있는 기술로서 제9조의 규정에 따라 지정된 산업기술을 말한다.

〈2006년 제정법〉

제2조 (정의) 이 법에서 사용하는 용어의 정의는 다음과 같다.
1. "산업기술"이라 함은 제품 또는 용역의 개발·생산·보급 및 사용에 필요한 제반 방법 내지 기술상의 정보 중에서 관계중앙행정기관의 장이 소관 분야의 산업경쟁력 제고 등을 위하여 법령이 규정한 바에 따라 지정 또는 고시·공고하는 기술로서 다음 각 목의 어느 하나에 해당하는 것을 말한다.
가. 국내에서 개발된 독창적인 기술로서 선진국 수준과 동등 또는 우수하고 산업화가 가능한 기술
나. 기존제품의 원가절감이나 성능 또는 품질을 현저하게 개선시킬 수 있는 기술
다. 기술적·경제적 파급효과가 커서 국가기술력 향상과 대외경쟁력 강화에 이바지할 수 있는 기술
라. 가목 내지 다목의 산업기술을 응용 또는 활용하는 기술

헌법재판소 2013. 7. 25. 선고 2011헌바39 전원재판부

'관계 중앙행정기관의 장이 소관 분야의 산업경쟁력 제고를 위하여 법령에 따라 지정 또는 고시·공고한 기술'을 범죄구성요건인 '산업기술'의 요건으로 하고 있는 구 산업기술의 유출방지 및 보호에 관한 법률(2006. 10. 27. 법률 제8062호로 제정법) 제36조 제2항 중 제14조 제1호 가운데 '부정한 방법에 의한 산업기술 취득행위'에 관한 부분(이하 '이 사건 법률조항'이라 한다)이 죄형법정주의의 명확성원칙에 위배

- 이 사건 법률조항은 관계 법령에 따른 지정 또는 고시·공고의 근거법령을 구체적으로 특정하지 아니하여 그 문언만으로는 그 법령이 '관계 중앙행정기관의 장이 소관 분야의 산업경쟁력 제고 등을 위하여 하는 지정 또는 고시·공고의 근거가 되는 법령'이라는 추상적인 내용만을 알 수 있을 뿐, 해당되는 법령이 무엇인지 그리고 지정 또는 고시·공고를 하는 관계 중앙행정기관의 장이 누구인지 통상의 판단능력을 가진 일반인이 그 해석을 통해서 구체적으로 확정할 수 없게끔 되어 있다. 따라서 이 사건 법률조항은 이러한 규정형식의 불명확성 때문에 '적절한 고지'의 역할을 하지 못하여 수범자가 자신의 행위가 금지되는지, 아닌지를 정확하게 예측하고 자신의 행위를 결정할 수 없게 하고 있으므로, 죄형법정주의의 '명확성원칙'에 위배된다.

대법원 2012. 8. 30. 선고 2011도1614 판결

원심(부산지법 2011. 1. 13. 선고 2009노108 판결)은, 산업발전법에 근거한 위 산업자원부 고시 제2007-17호 「첨단기술 및 제품의 범위」에는 해양특수선의 한 종류로 드릴쉽(Drillship)이 규정되어 있는데, 이는 첨단제품의 하나로 고시된 것으로 볼 수 있을 뿐 드릴쉽과 관련된 어떠한 기술이 함께 고시된 것으로 볼 수는 없어 위 고시에서 '첨단제품'으로 드릴쉽을 정하고 있다는 것만으로 드릴쉽 설계기술이나 건조기술 등 드릴쉽과 관련된 모든 기술이 산업기술보호법상 산업기술에 해당하게 되었다고 볼 수 없다고 판단하였는데, 이는 정당하다고 하였음

〈2011년 개정법〉

제2조(정의) 이 법에서 사용하는 용어의 정의는 다음과 같다. 〈개정 2011. 7. 25.〉

1. "산업기술"이라 함은 제품 또는 용역의 개발·생산·보급 및 사용에 필요한 제반 방법 내지 기술상의 정보 중에서 관계중앙행정기관의 장이 소관 분야의 산업경쟁력 제고 등을 위하여 법률 또는 해당 법률에서 위임한 명령(대통령령·총리령·부령에 한정한다. 이하 이 조에서 같다)에 따라 지정·고시·공고·인증하는 다음 각 목의 어느 하나에 해당하는 기술을 말한다.
   가. 「산업발전법」 제5조에 따른 첨단기술
   나. 「조세특례제한법」 제18조 제2항에 따른 고도기술
   다. 「산업기술혁신 촉진법」 제15조의2에 따른 신기술
   라. 「전력기술관리법」 제6조의2에 따른 신기술
   마. 「부품·소재전문기업 등의 육성에 관한 특별조치법」 제19조에 따른 부품·소재기술
   바. 「환경기술 및 환경산업 지원법」 제7조 제1항에 따른 신기술
   사. 그 밖의 법률 또는 해당 법률에서 위임한 명령에 따라 지정·고시·공고·인증하는 기술

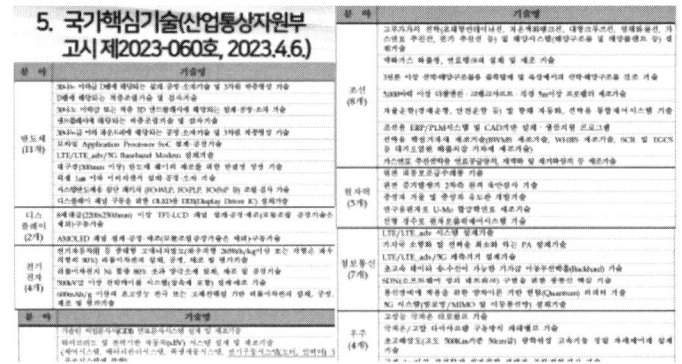

산업기술확인제도

제14조의3(산업기술 해당 여부 확인) ① 대상기관은 보유하고 있는 기술이 산업기술에 해당하는지에 대하여 산업통상자원부장관에게 확인을 신청할 수 있다.
② 제1항에 따른 확인의 절차·방법 등에 관한 사항은 대통령령으로 정한다.
· 국가핵심기술 여부에 대한 사전검토제도가 있었음(제11조 제6항)
· 산업기술보호법은 '산업기술확인제도'도 또한 도입하고 있음

- 기업, 연구소 등이 보유하고 있는 기술이 이 법 제2조의 정의규정에 따른 '산업기술'에 해당하는지 여부를 확인해 주는 제도로서, 산업기술이 침해·유출되었을 때 사후구제나 법적조치 등에 신속한 대응 가능

| 확인절차 (처리기간 : 1개월 이내)

STEP. 01 확인신청 상담 > STEP. 02 신청서 접수 및 검토 > STEP. 03 전문가 협의 > STEP. 04 확인여부 평가 > STEP. 05 결과통보 및 확인서 발급

iii. 국가핵심기술의 판정 및 등록

1. 국가핵심기술의 판정

대상기관의 장은 보유하고 있는 기술이 국가핵심기술에 해당하는지에 대한 판정을 법 제9조 제6항과 영 제13조의2에 따라 산업통상자원부장관에게 신청할 수 있다.

2. 국가핵심기술 종합관리시스템의 구축·운영

산업통상자원부장관은 다음 각호의 업무를 수행하고 관리하기 위하여 관계중앙행정기관의 장 및 법 제16조에 따라 설립된 산업기술보호협회와 공동으로 국가핵심기술 종합관리시스템(www.nct.or.kr)을 구축·운영할 수 있다.

   1. 법 제7조에 따른 산업기술보호위원회 및 전문위원회 운영 등에 관한 업무
   2. 법 제9조에 따른 국가핵심기술의 지정·변경·해제 및 해당 여부 판

정 등에 관한 업무
3. 법 제11조에 따른 국가핵심기술의 수출 및 사전검토 등에 관한 업무
4. 법 제11조의2에 따른 국가핵심기술을 보유하는 대상기관의 해외 인수·합병 등에 관한 업무
5. 제6조에 따른 국가핵심기술 등록에 관한 업무

3. 국가핵심기술 등록

산업통상자원부장관은 제4조에 따른 국가핵심기술의 판정, 법 제9조에 따른 국가핵심기술의 지정·변경 및 해제, 법 11조에 따른 국가핵심기술 수출, 법 제11조의2에 따른 국가핵심기술을 보유하는 대상기관의 해외 인수·합병, 산업기술 확인 등의 업무 수행 과정에서 국가핵심기술 보유 사실을 인지한 경우 국가핵심기술을 보유한 대상기관의 협조를 받아 국가핵심기술 등록서(별지 제1호서식)를 작성하여 국가핵심기술 종합관리시스템에 등록한다.

4. 국가핵심기술 관리 및 지원

① 국가핵심기술을 보유·관리하고 있는 대상기관의 장은 해당 국가핵심기술의 유출을 방지하기 위하여 법 제10조에 따른 보호조치를 하여야 한다.
② 정부는 제6조에 따라 국가핵심기술이 등록된 대상기관에게 법 제22조에 따른 보안에 대한 자문, 기술지원, 교육 및 인력양성 등의 기술보호를 위한 지원을 할 수 있다.

전략기술과 국가핵심기술의 관계

제2조(정의) 이 법에서 사용하는 용어의 뜻은 다음과 같다. 〈개정 2023. 7. 18.〉

1. "국가첨단전략기술"(이하 "전략기술"이라 한다)이란 공급망 안정화 등 국가·경제 안보에 미치는 영향 및 수출·고용 등 국민경제적 효과가 크고 연관산업에 미치는 파급효과가 현저한 기술로서 제11조에 따라 지정된 기술을 말한다.
2. "국가첨단전략산업"(이하 "전략산업"이라 한다)이란 전략기술을 연구·개발 또는 사업화하거나 이에 필요한 제품 및 서비스를 제공하는 산업으로서 산업통상자원부장관이 고시하는 산업을 말한다.

제4조(다른 법률과의 관계) ① 이 법은 전략산업 등의 육성에 관하여 다른 법률에 우선하여 적용한다. 다만, 다른 법률을 적용하는 것이 전략산업 등을 영위하는 사업자에게 유리한 경우에는 그 법률을 적용한다.
② 전략기술의 보호조치에 관하여 이 법에 특별한 규정이 있는 경우를 제외하고는 「산업기술의 유출방지 및 보호에 관한 법률」에서 정하는 바에 따른다.

국가첨단전략산업법과 산업기술보호법 비교

규정	국가첨단전략산업법	산업기술보호법
목적	국가첨단전략산업의 혁신생태계 조성과 기술역량 강화를 통하여 국가경제안보 및 국민경제 발전에 기여(제1조)	산업기술을 보호하여 국가안전보장과 국민경제 발전에 기여(제1조)
적용대상	국가첨단전략기술(전략기술) 및 국가첨단전략산업 등(제2조)	국가핵심기술 등 산업기술(제2조)
위원회	전략기술의 지정 등: 국가첨단전략산업위원회/첨단전략기술조정위원회(제9조) 수출승인: 산업기술보호법상의 산업기술보호위원회(제12조)	국가핵심기술 지정 및 수출승인: 산업기술보호위원회(제7조)
지정 및 관리	산업부장관은 국가첨단전략산업위원회의 심의, 의결을 거쳐 전략기술을 지정, 변경 및 해제(제11조 제1항, 제2항) 전략기술로 지정 시 국가핵심기술로 지정된 것으로 간주(제11조 제7항)	산업부장관은 산업기술보호위원회의 심의를 거쳐 국가핵심기술을 지정, 변경 및 해제함(제9조 제1항, 제3항)
사전판정 절차	전략기술의 사전판정을 받고자 하는 자는 산업부장관에 대하여 신청(제11조 제5항)	대상기관은 산업부장관에 대하여 국가핵심기술의 사전판정 신청(제9조 제6항)
수출승인 등 절차	전략기술 수출은 산업부장관의 승인 필요(제12조 제1항) 위 승인을 받은 경우 국가핵심기술의 수출승인을 받거나 신고를 한 것으로 간주(제12조 제5항) 그 외 전략기술의 수출승인, 수출중지, 수출금지, 원상회복 등 절차는 산업기술보호법 준용(제12조 제6항)	국가로부터 연구개발비를 지원받아 개발한 국가핵심기술을 수출시 산업부장관의 승인 필요 그 외의 국가핵심기술을 수출은 신고대상(제11조 제1항 및 제4항)
해외 인수 등 합병절차	전략기술보유자가 대통령령으로 정하는 해외 인수, 합병, 합작투자 등 외국인투자를 진행하려는 경우에는 산업부장관의 승인 필요(제13조)	국가로부터 연구개발비를 지원받아 개발한 국가핵심기술을 보유한 대상기관이 대통령령으로 정하는 해외 인수, 합병, 합작투자 등 외국인투자를 진행하려는 경우 산업부장관의 승인 필요(제11조의2), 그 외의 국가핵심기술과 관련한 외국인투자는 신고

보호조치 등	전략기술보유자는 전략기술 유출방지를 위하여 특정한 보호조치를 취하여야 함 (제14조 제1항) 전문인력 등의 지정을 받은 전략기술보유자는 전문인력의 동의, 전략기술의 해외 유출의 심각한 우려 또는 그 밖에 전략기술의 해외 유출을 방지하기 위하여 대통령령으로 정한 경우 산업부장관에게 해당, 전문인력의 출입국 정보제공 신청이 가능함(제14조 제5항)	국가핵심기술을 보유 관리하는 대상기관의 장은 국가핵심기술 유출방지를 위하여 특정한 보호조치를 취하여야 함 (제10조 제1항) 현재 출입국 정보제공 신청 규정 없음
유출 및 침해행위 금지	전략기술을 외국에서 사용하거나 사용되게 할 목적으로 절취, 기망, 협박 그 밖의 부정한 방법 등으로 유출 및 침해하는 경우 5년 이상의 징역 및 20억 이하의 벌금 병과함(제50조 제1항)	국가핵심기술을 외국에서 사용하거나 사용되게 할 목적으로 절취, 기망, 협박 그 밖의 부정한 방법 등으로 유출 및 침해하는 경우 3년 이상의 징역 및 15억 원 이하의 벌금 병과(제36조 제1항)
긴급수급 안정화를 위한 조정	정부는 천재지변 등으로 전략기술 관련 품목의 수급 및 산업 공급망의 기능에 지장이 초래되는 등의 경우 긴급수급 안정화를 위한 조정을 할 수 있음(제10조)	없음

iv. 국가핵심기술 보호조치

1. 보호구역 설정·출입허가 또는 출입 시 휴대품 검사

① 국가핵심기술을 보유·관리하고 있는 대상기관의 장은 보관 자산의 중요도에 따라서 보호구역을 제한지역, 제한구역, 통제구역 등으로 분류하여야 한다.

② 국가핵심기술을 보유·관리하고 있는 대상기관의 장은 보호구역별로 다음 각호의 출입 통제를 하여야 한다.

 1. 출입 허가 등록 절차 마련 및 신원확인
 2. 비인가 출입 등의 점검을 위한 구역별 출입기록 관리

3. 출입 권한 적정성 정기적 점검
4. 보안유지가 필요한 시설이나 시설물 등에는 별도의 보안시스템 구축·운영

③ 국가핵심기술을 보유·관리하고 있는 대상기관의 장은 보호구역을 출입하는 모든 인력들에 대하여 입문 또는 출문 시 휴대품 검사를 위해 다음 각호의 보안검색을 실시하여야 한다.
1. 촬영, 통신, 저장이 가능한 기기의 반출입 제한 또는 업무상 촬영, 통신, 저장 기기의 사용이 필요할 경우 보안부서의 사용허가 조치
2. 제한 기기의 소지 유무를 확인하기 위한 보안검색 실시
3. 업무상 사용하는 기기의 사용 기록 유지 관리

2. 국가핵심기술 취급 전문인력 이직관리 및 비밀유지 등에 관한 계약체결

① 국가핵심기술을 보유·관리하고 있는 대상기관의 장은 국가핵심기술 취급 전문인력을 대상으로 재직 중이거나 퇴직 시 국가핵심기술 비밀유지 등에 관한 계약을 체결하여야 한다. 이 경우 국가핵심기술 등의 비밀유지 및 경업금지 서약서(별표 1)를 참고할 수 있다.
② 국가핵심기술을 보유·관리하고 있는 대상기관의 장은 국가핵심기술 취급 전문인력을 대상으로 입사 시에 국가핵심기술 비밀유지 등에 관한 계약을 체결하여야 한다. 이 경우 비밀유지 서약서(별표 2)를 참고할 수 있다.
③ 국가핵심기술을 보유·관리하고 있는 대상기관의 장은 국가핵심기술 취급 전문인력에게 인사우대, 성과급 지급 등의 지원을 노력하여야 한다.

3. 국가핵심기술 보호등급 부여와 보안관리규정 제정

① 국가핵심기술을 보유·관리하고 있는 대상기관의 장은 국가핵심기술의 보호를 위해 인력관리, 기술정보자산관리, 보호구역관리, 정보시스템관리, 보안사고 대응 등의 주요 보안관리 항목을 포함한 보안관리 규정을 제정하여야 한다.

② 규정은 적합성, 적절성, 유효성 등을 정기적으로 검토하여 개정하고 대상기관의 장의 승인을 받아야 한다.

③ 국가핵심기술을 보유·관리하고 있는 대상기관의 장은 규정에 대해 직원과 규정을 준수해야 하는 외부인들이 알 수 있도록 공지하여야 한다.

④ 국가핵심기술을 보유·관리하고 있는 대상기관의 장은 국가핵심기술의 중요도에 따라 보호 등급 기준을 수립하여 분류하고, 보호등급의 적절성을 주기적으로 점검하여야 한다.

4. 국가핵심기술 관리책임자 및 보안 전담인력의 지정

① 국가핵심기술을 보유·관리하고 있는 대상기관의 장은 국가핵심기술 관리책임자 및 보안 전담 인력을 지정하여야 한다.

② 국가핵심기술 관리책임자는 다음 각호의 보안관리 업무의 책임을 갖는다.
  1. 국가핵심기술 보안관리규정 제정 및 개정
  2. 국가핵심기술의 보호 등급 분류 및 관리
  3. 국가핵심기술 취급 전문인력 대상 보안서약 및 보안교육 실시
  4. 국가핵심기술 취급 전문인력 대상 권한 조정 또는 회수 관리

5. 국가핵심기술 보안점검 및 결과 개선
  6. 국가핵심기술의 유출사고 발생 시 침해 신고 및 보안 사고대응
  7. 국가핵심기술 관련 정보의 처리 과정과 결과에 관한 자료의 보호
  8. 국가핵심기술 정보자산 접근권한 관리 실태 점검
 ③ 국가핵심기술 보유기관의 보안 전담 인력은 제2항 각호의 업무를 전담하여 수행하며, 국가핵심기술 관리책임자를 보좌한다.

5. 국가핵심기술 보호구역 통신시설 및 통신수단 보안

① 국가핵심기술을 보유·관리하고 있는 대상기관의 장은 국가핵심기술 보호를 위해 정보보안시스템을 설치·운영하여야 한다.

② 국가핵심기술을 보유·관리하고 있는 대상기관의 장은 국가핵심기술 보호를 위해 국가핵심기술 정보시스템 유형별(서버, 네트워크, DB, 응용프로그램 등) 보안관리를 하여야 한다.

③ 국가핵심기술을 보유·관리하고 있는 대상기관의 장은 인가받지 않은 통신 행위 및 자료 전송 등을 차단하고 기록을 유지 관리하여야 하며 필요한 경우 국가핵심기술의 통신 및 정보처리시설의 이용을 제한할 수 있다.

6. 국가핵심기술 관련 정보 처리 과정·결과 자료 보호

① 국가핵심기술을 보유·관리하고 있는 대상기관의 장은 국가핵심기술 정보의 생성부터 열람, 보관, 반출, 파기까지 보호 등급에 따라 다음 각호의 보안관리를 하여야 한다.
  1. 국가핵심기술 생성 시 보호 등급의 표기

2. 국가핵심기술 열람 시 국가핵심기술 취급 전문인력 권한 관리
   3. 국가핵심기술 보관 시 암호화 적용 등 보안 조치
   4. 국가핵심기술 반출 시 대상기관장 또는 국가핵심기술 관리책임자의 승인
   5. 국가핵심기술의 이력유지 관리 및 점검

7. 국가핵심기술 취급 전문인력의 구분 및 관리

   국가핵심기술을 보유·관리하고 있는 대상기관의 장은 국가핵심기술 취급 전문인력을 구분하고 전문인력 대상으로 다음 각호의 보안관리를 하여야 한다.
   1. 국가핵심기술 취급 전문인력 대상 국가핵심기술 보호에 관한 보안 서약서 징구
   2. 국가핵심기술 취급 전문인력 대상 국가핵심기술 보호 관련 정기 교육 실시
   3. 국가핵심기술 취급 전문인력 퇴직 예정자의 기술 유출 이상 징후 파악
   4. 국가핵심기술 취급 전문인력 퇴직 예정자의 반납 자산 관리

8. 국가핵심기술 취급 전문인력 보안교육

   ① 국가핵심기술을 보유·관리하고 있는 대상기관의 장은 정기적으로 국가핵심기술 취급 전문인력을 대상으로 보안교육을 시행하여야 한다.
   ② 국가핵심기술을 보유·관리하고 있는 대상기관의 장은 국가핵심기

술 취급 전문인력의 신규채용이나 보안사고 발생 등 보안상 필요하다고 판단되는 경우 추가로 보안교육을 시행하여야 한다.
③ 국가핵심기술을 보유·관리하고 있는 대상기관의 장은 보안교육 과정에 산업기술 보호 관련 법률, 법률 위반 시 법적 책임 등의 내용을 포함하여야 한다.

9. 국가핵심기술의 유출 사고 대응체제 구축

국가핵심기술을 보유·관리하고 있는 대상기관의 장은 국가핵심기술의 유출 사고를 예방하기 위해 사고 대응체제를 구축하여야 한다.

v. 국가핵심기술의 수출[1]

1. 수출승인 신청 대상

국가로부터 연구개발비를 지원받아 개발한 국가핵심기술을 보유한 대상기관의 장은 외국기업 등에 매각, 이전 등 다음 각호의 방법으로 국가핵심기술을 수출하고자 하는 경우에는 산업통상자원부장관에게 승인을 신청하여야 한다.
  1. 외국기업 등에 국가핵심기술 매각
  2. 외국기업 등에 자료 전송, 양도, 기술지도, 위탁연구, 위탁생산, 인력의 장기파견 등을 통한 국가핵심기술의 이전

---

1) 수출이란 대외무역법 제19조 제2항에서 (i) 국내에서 국외로의 이전 (ii) 국내 또는 국외에서 대한민국 국민으로부터 외국인에게로의 이전이라고 규정하고 있으며 산업기술의 유출방지 및 보호에 관한 법률과 산업기술보호지침 제17조에 따라 수출은 기술의 매각, 기술의 이전으로 볼 수 있다. 기술의 이전이란 양도, 실시권 허락, 기술지도, 공동연구, 합작투자 또는 인수합병 등의 방법으로 기술이 기술보유자로부터 그 외의 자에게 이전되는 것을 의미한다.(기술의 이전 및 사업화 촉진에 관한 법률 제2조 제2호)

3. 외국기관 등에 실질적으로 국가핵심기술의 이전·공유를 위해 진행되는 세미나, 강의, 학술발표 등 특정 기관과 기술 협력이나 정보 교류
4. 국가핵심기술이 실질적으로 이전·공유되는 외국기업 등과의 연구 및 공동연구 참여(외국기업 등이 연구개발비를 부담하여 수행하는 국가핵심기술 관련 국제공동연구를 포함)
5. 국가핵심기술에 해당하는 특허권의 양도 또는 실시권을 허락하면서 관련 영업비밀 등 비공개 기술의 동반 이전
6. 국가핵심기술에 해당하는 특허권의 양도, 전용실시권의 설정 등 양수인 또는 실시권자에게 해당 기술에 대한 실질적인 배타적 지배권의 이전
7. 외국 정부 및 기관 등에 국가핵심기술에 관한 설계·제조상의 결함 및 타당성 분석, 신뢰성 검증 등을 위한 연구용역 자료 제공
8. 외국 정부 및 기관 등에 국가핵심기술 관련 해외 인증, 인·허가를 위한 기술자료 제공
9. 외국법원, 국제무역위원회(ITC) 등 제소, 소송 대응을 위한 국가핵심기술 자료 제공
10. 클라우드서비스 또는 이와 유사한 서비스에 저장된 국가핵심기술에 대한 외국기업 등의 접근권한 부여·열람·사용 등의 허용
11. 기존 수출승인을 통해 국가핵심기술을 이전받은 해외 법인이 신축 사업장(공장)으로의 기술 재이전
12. 위 1호에서 11호 외의 다른 방법으로 국가핵심기술을 수출하고자 하는 행위

2. 수출승인 신청 시 제출서류

제17조에 해당하는 대상기관의 장은 영 제15조 제1항 등에 따라 국가핵심기술 수출승인 신청서에 다음 각호의 서류를 첨부하여 산업통상자원부장관에게 제출하여야 한다.

1. 국가핵심기술의 매각 또는 이전 계약서(임시계약서를 포함한다)
2. 국가핵심기술의 매입자 또는 이전받으려는 자에 관한 사항
3. 국가핵심기술의 용도와 성능을 표시하는 기술자료
4. 국가핵심기술의 제공 조건과 방법
5. 국가핵심기술을 사용한 관련 제품의 시장 규모와 경쟁력 수준
6. 국가로부터 지원받은 연구개발비에 관한 자료 등

3. 수출승인 심의

① 산업통상자원부장관은 국가핵심기술의 수출에 따른 국가안보 및 국민경제적 파급효과 등을 검토하여 관계중앙행정기관의 장과 협의한 후 법 제7조에 따른 산업기술보호위원회의 심의를 거쳐 승인할 수 있다.
② 산업통상자원부장관은 산업기술보호위원회 심의에 앞서 기술 분야별 전문위원회로 하여금 사전에 검토하게 할 수 있다.
③ 제17조에 해당하는 대상기관의 장은 심의과정에서 승인 신청 시 제출서류 이외에 추가로 자료 제출을 요청받거나 참석을 요구받는 경우에는 특별한 사유가 없는 한 이에 응하여야 한다.
④ 산업기술보호위원회 및 전문위원회는 대상기관 이외에 이해관계인, 참고인, 관계 전문가 등을 직접 참석하게 하여 의견을 들을 수 있다.

4. 포괄승인

① 제17조에 따른 수출승인을 신청하고자 하는 대상기관은, 다음 각 호의 어느 하나에 해당하는 경우에는 국가핵심기술의 기술자료, 수출 대상자 등을 특정하여 포괄승인을 신청할 수 있다. 다만, 기술유출이 우려되는 경우에는 이 조항을 적용하지 아니한다.

1. 대상기관이 100% 지분을 소유한 외국 법인과의 공동연구를 위한 국가핵심기술의 수출로서 개발된 기술에 대한 모든 권리가 국내 대상기관에 완전히 귀속되는 경우
2. 완제의약품에 대한 외국 정부의 인허가를 위한 국가핵심기술의 수출로서 국제공통기술문서(CTD), 제조소총람, 제조기록서만 수출되는 경우

② 대상기관이 제1항 제1호에 따라 포괄승인을 신청하는 경우, 세부 수출내역을 사후 보고하는 조건으로 제18조 제3호에 해당되는 자료에 대해서는 공동연구개발과제명(목표기술) 및 공동연구를 위해 제공되는 기술범주만 제출할 수 있다.

③ 대상기관이 제1항 제2호에 따라 포괄승인을 신청하는 경우, 실제 수출 시마다 제18조 제1호 및 제2호의 서류를 제출하여 최종 승인을 받는 조건으로 제18조 제3호부터 제6호까지의 서류만 제출할 수 있다.

④ 제2항 및 제3항에 따라 포괄승인 신청을 받은 산업통상자원부장관은 제19조의 방법 및 절차에 따른 심의를 거쳐 포괄승인 할 수 있다. 이 경우 포괄승인의 유효기간은 당해 연도 12월 31일까지로 한다.

⑤ 제1항 제1호에 따른 신청으로 포괄승인을 받은 대상기관은 포괄승인 유효기간 동안 자율적으로 수출 여부를 결정하여 수출한 후, 익

년 3월 말까지 세부수출내역을 산업통상자원부장관에게 보고하여
야 한다.

⑥ 제1항 제2호에 따른 신청으로 포괄승인을 받은 대상기관은 포괄승
인 유효기간 동안 실제 수출 시마다 제18조 제1호부터 제2호의 서
류를 첨부하여 산업통상자원부장관에게 제3항의 조건에 따른 승인
을 신청하여야 한다.

⑦ 산업통상자원부장관은 제6항에 따른 최종 승인 시 생명공학 분야
전문위원회의 사전검토를 거쳐 수출에 따른 국가안보 및 국민경제
적 파급효과 등을 검토하여 최종 승인할 수 있으며, 전문위원회가
필요하다고 판단하는 경우 산업기술보호위원회의 심의를 거쳐 승
인할 수 있다.

⑧ 생명공학 분야 전문위원회는 제7항에 따른 수출세부검토내역을 매
년 산업기술보호위원회에 보고하여야 한다.

5. 수출승인 결정 및 통지

① 산업통상자원부장관은 제19조에 따른 수출승인 심의를 거친 후 승
인 여부를 결정하여 제17조에 해당하는 대상기관의 장에게 통지한다.

② 산업통상자원부장관은 승인할 때에는 수출과 관련된 조건, 기한,
부담 등의 필요한 부관과 권고사항을 붙일 수 있다.

6. 수출신고 대상

법 11조 제4항에 따라 수출승인 대상 외의 국가핵심기술을 보유·관리
하고 있는 대상기관의 장은 보유·관리하고 있는 국가핵심기술을 외국기

업 등에 제17조 각호의 방법으로 수출하고자 하는 경우에는 사전에 산업통상자원부장관에게 신고하여야 한다.

7. 수출신고 시 제출서류

제21조에 해당하는 대상기관의 장은 영 제16조 등에 따라 국가핵심기술 수출 신고서에 다음 각호의 서류를 첨부하여 산업통상자원부장관에게 제출하여야 한다.

1. 국가핵심기술의 매각 또는 이전 계약서(임시계약서를 포함한다)
2. 국가핵심기술의 매입자 또는 이전받으려는 자에 관한 사항
3. 국가핵심기술의 용도와 성능을 표시하는 기술자료
4. 국가핵심기술의 제공 조건과 방법
5. 국가핵심기술을 사용한 관련 제품의 시장 규모와 경쟁력 수준

8. 수출신고 검토 및 심의

① 산업통상자원부장관은 국가핵심기술의 수출에 따른 국가안보에 미치는 영향을 검토하여 신고를 수리할 수 있다.
② 산업통상자원부장관은 기술 분야별 전문위원회로 하여금 사전에 검토하게 할 수 있다.
③ 제21조에 해당하는 대상기관의 장은 검토과정에서 신고 시 제출한 서류 이외에 추가로 자료 제출을 요청받거나 참석을 요구받는 경우에는 특별한 사유가 없는 한 이에 응하여야 한다.
④ 전문위원회는 제21조에 해당하는 대상기관 이외에 이해관계인, 참고인, 관계 전문가 등을 직접 참석하게 하여 의견을 들을 수 있다.

⑤ 산업통상자원부장관은 신고대상인 국가핵심기술의 수출이 국가안보에 심각한 영향을 줄 수 있다고 판단하는 경우에는 관계중앙행정기관의 장과 협의한 후 위원회의 심의를 거쳐 국가핵심기술의 수출중지·수출금지·원상회복 등의 조치를 명할 수 있다.

9. 포괄수출신고 심의

① 제21조에 따른 수출신고를 하고자 하는 대상기관은, 제19조의2 제1항 제1호에 해당하는 국가핵심기술의 수출을 하고자 하는 경우에는 국가핵심기술의 기술자료, 수출 대상자 등을 특정하여 포괄신고를 할 수 있다. 다만, 기술 유출이 우려되는 경우에는 이 조항을 적용하지 아니한다.

② 대상기관이 제1항에 따라 포괄신고를 하는 경우, 세부수출내역을 사후 제출하는 조건으로 제22조 제3호에 해당되는 자료에 대해서는 공동연구개발과제명(목표기술) 및 공동연구를 위해 제공되는 기술범주만 제출할 수 있다.

③ 제2항에 따라 포괄신고를 받은 산업통상자원부장관은 제23조의 방법 및 절차에 따른 검토 및 심의를 거쳐 포괄신고수리할 수 있다. 이 경우 포괄신고수리의 유효기간은 당해 연도 12월 31일까지로 한다.

④ 제3항의 포괄신고수리를 받은 대상기관은 포괄신고수리 유효기간 동안 자율적으로 수출 여부를 결정하여 수출한 후, 익년 3월 말까지 세부수출내역을 산업통상자원부장관에게 제출하여야 한다.

10. 수출신고 수리 결정 및 통지

① 산업통상자원부장관은 제23조에 따른 수출신고 검토 및 심의를 거친 후 수출신고 수리 여부를 결정하여 제21조에 해당하는 대상기관의 장에게 통지한다.

② 산업통상자원부장관은 수출신고를 수리할 때에는 수출과 관련된 조건, 기한, 부담 등의 필요한 부관과 권고사항을 붙일 수 있다.

11. 수출승인 신청·신고 대상 예외

다음 각호의 어느 하나에 해당하는 경우 국가핵심기술의 수출승인 신청 및 수출신고 대상에서 제외한다.

1. 일반에 공개된 기술이나 일반에 공개되는 것을 목적으로 하는 해외 세미나, 학회 발표, 강의 등에 사용되는 다음 각 목의 기술
   가. 책, 정기간행물 등 인쇄물의 형태 또는 홈페이지 등 전자적 형태 등을 통해 이미 일반에 공개된 기술
   나. 견학, 강의, 전시회 등 일반에 공개된 장소에서 구두 또는 행위를 통해 이전되는 기술
   다. 학회 발표자료 또는 전시회 배포자료 등의 송부, 정기간행물에의 기고 등 일반에 공개되는 것을 목적으로 이전되는 기술
   라. 소스코드가 공개되어 있는 프로그램
2. 국내기업의 연구인력, 대학 교수 등이 외국 기업 및 기관과 수행하는 국가핵심기술과 관련이 없는 연구의 참여 또는 실질적인 국가핵심기술 이전이 없는 연구 참여
3. 해외 특허출원을 위한 출원명세서, 보충자료(거절이유를 통보받

은 경우 의견서를 포함) 등 특허권의 출원 또는 등록을 위해 필요한 최소한의 기술의 제공

4. 국가핵심기술에 해당하는 특허권의 비독점적 통상실시권을 설정하면서, 특허출원 당시 공개되었던 기술정보만 이전하는 경우

vi. 국가핵심기술 보유기관의 해외 인수·합병, 합작투자 등 외국인투자

1. 해외 인수·합병 등의 승인대상

국가로부터 연구개발비를 지원받아 개발한 국가핵심기술을 보유한 대상기관의 장이 다음 각호의 방법으로 해외 인수·합병, 합작투자 등 외국인투자(이하 "해외 인수·합병 등"이라 한다)를 진행하려는 경우에는 산업통상자원부장관에게 승인을 신청하여야 한다.

1. 외국인이 단독으로 또는 다음 각 목에 해당하는 자와 합산하여 국가핵심기술을 보유한 대상기관의 주식 또는 지분(장래에 주식 또는 지분으로 전환하거나 주식 또는 지분을 인수할 권리를 포함한다. 이하 "주식 등"이라 한다)을 100분의 50 이상 소유하려는 경우(100분의 50 미만을 소유하려는 경우로서 주식 등의 최다소유자가 되면서 보유기관의 임원 선임이나 경영에 지배적인 영향력을 행사할 수 있게 되는 경우를 포함한다)

   가. 외국인의 배우자, 8촌 이내의 혈족, 4촌 이내의 인척

   나. 외국인이 단독으로 또는 주요 주주나 주요 지분권자와의 계약 또는 합의에 의하여 조직변경 또는 신규사업에의 투자 등

주요 의사결정이나 업무집행에 지배적인 영향력을 행사할 수 있는 회사
다. 외국인이 단독으로 또는 주요 주주나 주요 지분권자와의 계약 또는 합의에 의하여 대표자를 임면하거나 임원의 100분의 50 이상을 선임할 수 있는 회사
2. 외국인이 보유기관 영업의 전부 또는 주요 부분의 양수·임차 또는 경영의 수임방식으로 보유기관을 경영하려는 경우
3. 외국인이 보유기관에 자금을 대여하거나 출연을 하면서 과반수 이상의 임원 선임에 지배적인 영향력을 행사할 수 있게 되는 경우

2. 해외 인수·합병 등의 승인 신청 시 제출서류

제26조에 해당하는 대상기관의 장은 영 제18조3 제1항 등에 따라 국가핵심기술 해외 인수·합병 등 승인 신청서에 다음 각호의 서류를 첨부하여 산업통상자원부장관에게 제출하여야 한다.

1. 해외 인수·합병 등과 관련된 계약서 또는 계획서
2. 해외 인수·합병 등을 진행하려는 외국인의 명칭, 주요 주주 현황, 매출액, 자산총액 및 사업내용에 관한 자료
3. 해당 해외 인수·합병 등의 내용 및 관련 시장 현황에 관한 자료
4. 국가핵심기술의 용도와 성능에 관한 기술자료
5. 국가핵심기술의 제공 조건과 방법에 관한 자료
6. 국가핵심기술을 사용한 관련 제품의 시장 규모와 경쟁력 수준에 관한 자료
7. 국가로부터 지원받은 연구개발비에 관한 자료

3. 해외 인수·합병 등의 심의

① 산업통상자원부장관은 해외 인수·합병 등이 국가안보에 미치는 영향을 검토하여 관계중앙행정기관의 장과 협의한 후 법 제7조에 따른 산업기술보호위원회의 심의를 거쳐 승인할 수 있다.
② 산업통상자원부장관은 산업기술보호위원회 심의에 앞서 기술 분야별 전문위원회로 하여금 사전에 검토하게 할 수 있다.
③ 제26조에 해당하는 대상기관의 장은 심의과정에서 승인 신청 시 제출서류 이외에 추가로 자료 제출을 요청받거나 참석을 요구받는 경우에는 특별한 사유가 없는 한 이에 응하여야 한다.
④ 산업기술보호위원회 및 전문위원회는 대상기관 이외에 이해관계인, 참고인, 관계 전문가 등을 직접 참석하게 하여 의견을 들을 수 있다.

4. 해외 인수·합병 등의 승인 결정 및 통지

① 산업통상자원부장관은 제28조에 따른 해외 인수·합병 등의 심의를 거친 후 승인 여부를 결정하여 제26조에 해당하는 대상기관의 장에게 통지한다.
② 산업통상자원부장관은 승인할 때에는 해외 인수·합병 등과 관련된 조건, 기한, 부담 등의 필요한 부관과 권고사항을 붙일 수 있다.

5. 해외 인수·합병 등의 신고 대상

해외 인수·합병 등의 승인대상 외의 국가핵심기술을 보유·관리하고 있는 대상기관의 장은 다음 각호의 방법으로 해외 인수·합병, 합작투자 등 외국인투자(이하 "해외 인수·합병 등"이라 한다)를 진행하려는 경우에는 산업통상자원부장관에게 신고하여야 한다.

1. 외국인이 단독으로 또는 다음 각 목에 해당하는 자와 합산하여 국가핵심기술을 보유한 대상기관의 주식 또는 지분(장래에 주식 또는 지분으로 전환하거나 주식 또는 지분을 인수할 권리를 포함한다. 이하 "주식 등"이라 한다)을 100분의 50 이상 소유하려는 경우(100분의 50 미만을 소유하려는 경우로서 주식 등의 최다소유자가 되면서 보유기관의 임원 선임이나 경영에 지배적인 영향력을 행사할 수 있게 되는 경우를 포함한다)

    가. 외국인의 배우자, 8촌 이내의 혈족, 4촌 이내의 인척

    나. 외국인이 단독으로 또는 주요 주주나 주요 지분권자와의 계약 또는 합의에 의하여 조직변경 또는 신규사업에의 투자 등 주요 의사결정이나 업무집행에 지배적인 영향력을 행사할 수 있는 회사

    다. 외국인이 단독으로 또는 주요 주주나 주요 지분권자와의 계약 또는 합의에 의하여 대표자를 임면하거나 임원의 100분의 50 이상을 선임할 수 있는 회사

2. 외국인이 보유기관 영업의 전부 또는 주요 부분의 양수·임차 또는 경영의 수임방식으로 보유기관을 경영하려는 경우

3. 외국인이 보유기관에 자금을 대여하거나 출연을 하면서 과반수 이상의 임원 선임에 지배적인 영향력을 행사할 수 있게 되는 경우

4. 영 제18조의2 제2항에 따른 외국인(이하 "외국인"이라 한다)에 의하여 해외 인수·합병 등이 진행되는 것을 알게 된 경우

6. 해외 인수·합병 등의 신고 시 제출서류

제30조에 해당하는 대상기관의 장은 영 제18조4 및 제18조의5 등에 따라 국가핵심기술 해외 인수·합병 등 신고서에 다음 각호의 서류를 첨부하여 산업통상자원부장관에게 제출하여야 한다.

1. 해외 인수·합병 등과 관련된 계약서 또는 계획서(법 제11조의2 제2항 또는 제6항에 따른 신고를 하는 경우에는 대상기관이 보유하고 있는 경우만 해당)
2. 해외 인수·합병 등을 진행하려는 외국인의 명칭, 주요 주주 현황, 매출액, 자산총액 및 사업내용에 관한 자료
3. 해당 해외 인수·합병 등의 내용 및 관련 시장 현황에 관한 자료
4. 국가핵심기술의 용도와 성능에 관한 기술자료
5. 국가핵심기술의 제공 조건과 방법에 관한 자료
6. 국가핵심기술을 사용한 관련 제품의 시장 규모와 경쟁력 수준에 관한 자료
7. 국가로부터 지원받은 연구개발비에 관한 자료(법 제11조의2 제2항에 따른 신고를 하는 경우만 해당)

7. 해외 인수·합병 등의 검토 및 심의

① 산업통상자원부장관은 해외 인수·합병 등이 국가안보에 미치는 영향을 검토하여 신고를 수리할 수 있다.
② 산업통상자원부장관은 분야별 전문위원회로 하여금 사전에 검토하게 할 수 있다.
③ 제30조에 해당하는 대상기관의 장은 검토과정에서 신고 시 제출한

서류 이외에 추가로 자료 제출을 요청받거나 참석을 요구받는 경우에는 특별한 사유가 없는 한 이에 응하여야 한다.

④ 전문위원회는 제30조에 해당하는 대상기관 이외에 이해관계인, 참고인, 관계 전문가 등을 직접 참석하게 하여 의견을 들을 수 있다.

⑤ 산업통상자원부장관은 신고대상인 국가핵심기술 보유기관의 해외 인수·합병 등에 따른 국가핵심기술의 유출이 국가안보에 심각한 영향을 줄 수 있다고 판단하는 경우에는 관계중앙행정기관의 장과 협의한 후 위원회의 심의를 거쳐 해외 인수·합병 등에 대하여 중지·금지·원상회복 등의 조치를 명할 수 있다.

8. 해외 인수·합병 등의 신고수리 결정 및 통지

① 산업통상자원부장관은 제32조에 따른 해외 인수·합병 등의 검토 및 심의를 거친 후 신고수리 여부를 결정하여 제30조에 해당하는 대상기관의 장에게 통지한다.

② 산업통상자원부장관은 신고수리할 때에는 해외 인수·합병 등과 관련된 조건, 기한, 부담 등의 필요한 부관과 권고사항을 붙일 수 있다.

vii. 침해신고 및 대응·복구

1. 산업기술 침해신고 및 대응

① 대상기관의 장은 보안 사고의 경중에 따라 다음 각호와 같이 보안 사고 유형을 구분하고 대응하여야 한다.

1. 외부 피해를 수반하지 않고 정보의 단순 위·변조와 국가핵심기술

침해에 영향이 없는 보안 사고는 단순사고로 분류하고 보안 전담 인력 주관으로 실시간으로 대응하고 피해를 복구

2. 허가되지 않은 자에게 국가핵심기술이 노출되거나 임의 변경, 삭제되어 대상기관의 산업기술 손상을 초래하고 경쟁력을 악화시킬 수 있는 보안사고는 중대사고로 분류하고 산업통상자원부장관 및 정보수사기관의 장에게 산업기술침해신고서(법·영에 따른 서식)를 작성하여 지체 없이 신고

② 대상기관의 장은 모든 유형의 보안 침해사고 징후 발견 및 발생 즉시 다음 각호와 같이 사고 대응을 신속히 수행하여야 한다.

1. 보안사고 발생 시 신속히 대응 가능한 비상연락체계 구축·운영
2. 보안 전담인력은 보안사고 발생 시 조사업무를 주관하며 보안 사고 발생 부서의 부서장 또는 보안책임자, 법률 전문가와 협력하여 외부기관의 조사에 대응
3. 보안 전담인력은 보안사고 발생 시 경영진 및 사고 발생 부서와 함께 사건 사고에 신속히 대응하여 상황, 시간, 단계별로 보고
4. 침해 흔적이 기록된 모든 접근과 사용 이력을 백업하여 보관
5. 산업기술 자산의 접근기록을 확인하여 산업기술의 유출 여부를 추적
6. 산업기술의 형태, 규모, 유출 주체 및 경로 등을 파악 후 산업기술의 유출 및 침해행위에 대한 금지청구권 행사, 산업기술의 침해신고, 산업기술 분쟁조정의 신청, 법적 대응 등과 관련한 대응방안을 강구하여 조치
7. 사고가 발생한 국가핵심기술 자산의 환경, 로그 등의 증거를 수집하고 보존할 필요가 있는 증거는 법령이 정하는 기간 동안 훼손되

지 않도록 안전하게 보관
   8. 법적 증거로 활용될 전자증거물이 훼손되거나 변경되지 않도록 조치
③ 대상기관의 장은 산업기술 유출사고가 수습되면 사고에 대한 후속 분석을 통하여 유사 사고가 발생하지 않도록 다음 각호와 같이 대응책을 수립하여야 한다.
   1. 산업기술 유출 사고 분석을 통해 관련된 보안 절차를 재검토하여 개선
   2. 산업기술 유출에 대한 대응 및 경영진 보고 사항 등의 활동을 문서화하여 추후 유사 사고가 발생하지 않도록 보안 정책 및 관련 규정 등에 반영
   3. 산업기술 유출 사고 사례에 대하여 대상기관 식원들 대상으로 보안 교육 등의 후속 조치 실시

2. 산업기술 침해사고 복구

① 대상기관의 장은 보안사고 발생 시 업무가 중단되지 않도록 복구체계를 구축하고 산업기술 침해 복구에 대한 상세한 절차와 대책을 수립하여 운영하여야 한다.
② 대상기관의 장은 산업기술 침해에 대비하여 다음 각호와 같이 복구에 필요한 산업기술 자산을 분류하고 백업대책을 수립하여 운영한다.
   1. 산업기술의 보호등급 등을 기준으로 백업 대상, 주기, 방법 선정
   2. 산업기술이 보관된 전자적 자산은 백업 장치를 이용하여 주기적으로 백업이 가능하도록 조치

3. 백업데이터를 보관 중인 장소는 비인가자의 접근을 제한하고 반출입에 관한 각종 기록을 유지, 관리
4. 국가핵심기술의 백업매체 보관, 이동 시에는 잠금 장치 등의 보안조치 시행
5. 국가핵심기술의 백업매체 폐기 시에는 폐기기준을 수립하고 기준에 부합하는 폐기절차 준수

의정부지방법원 2016. 9. 27. 선고 2016노 1670판결
(대법원 2020. 5. 28. 선고 2016도17110판결 확정)

사안의 개요
- 피해자 A 회사: 식품, 제약 업체가 해외에서 전시회 등 행사를 개최하는 경우 항공권 및 숙소를 제공하는 여행전문업체
- 피고인 B: 2008. 2. 1.부터 2014. 12.까지 피해자 회사의 이사로 근무, 단체항공권 예약, 현지 호텔 예약, 환전, 여행자 보험가입, 해외 전시회 동행 등의 업무를 담당
- 2014. 12. 피해자 A 회사 사무실에서 피고인이 업무용으로 사용하던 컴퓨터에 저장되어 있던 고객정보인 이름, 회사명, 핸드폰 번호, 이메일주소 등이 기재되어 있는 식품, 제약업체 고객정보 파일을 이동식 메모리 디스크에 옮기는 방법으로 취득함
- 퇴사 후 2015. 3.경 서울 소재 모 사무실에서 2015 OOO 전시회를 판매하다는 안내문을 작성
- 식품, 제약업체 고객정보파일에 기재된 피해자 회사의 거래처인 OOO 주식회사 등 1,400명에게 위 안내문을 이메일과 단체문자 메시지 등을 이용하여 송부

쟁점: 영업비밀로 인정되기 위한 비밀관리의 수준으로서 합리적인 노력의 의미

1심법원의 판단
(의정부지방법원 고양지원 2016. 6. 17. 선고 2015고정1353판결)
영업비밀의 구성요소가 상당한 노력에서 합리적인 노력으로 문언상 변경되었으나, 실질적 의미는 동일하게 해석하여야 한다며 개정 전 상당한 노력의 판단기준을 이 사건에 그대로 적용함
1. 직원들 중 피고인에게만 정보접근권한을 부여하거나 비밀준수의무를 부과하지 않았고
2. 이 사건 고객정보에 비밀임을 표시하거나 직원들에게 이것이 비밀임을 고지한 바도 없었으며

3. 이 사건 고객정보 중 상당 부분은 피고인이 영업활동을 하면서 얻어 등록하거나 수정한 것이고, 등록이나 수정에 별다른 제한을 받지도 않았던 점으로 볼 때, 피해자 회사가 이 사건 고객정보를 비밀로 유지하기 위해 상당한 노력을 하였다고 볼 수 없다.

고객정보파일의 영업비밀성을 부정하여 무죄가 선고됨

2심법원의 판단
(의정부지방법원 2016. 9. 27. 선고 2016노1670 판결)

합리적 노력의 판단기준 = 접근 제한 + 객관적 인식가능성(기존의 상당한 노력과 동일)

   1. 물리적, 기술적 관리
   2. 인적, 법적관리
   3. 조직적 관리

영업비밀 보유 기업의 규모, 해당 정보의 성질과 가치, 해당 정보에 일상적인 접근을 허용하여야 할 영업상 필요성이 존재하는지 여부, 영업비밀 보유자와 침해자 사이의 신뢰관계, 과거에 영업비밀을 침해당한 전력이 있는지 여부 등에 기초하여 판단함

대법원 2020. 5. 28. 선고 2016도17110 판결 확정

합리적인 노력의 요건에 대한 판단

1. 피해자 회사는 행사와 관련된 정보 및 행사가 열리는 지역의 여행정보는 일반인의 접근을 허용하였으나, 이 사건 고객정보는 별도 관리하면서 피해자 회사 직원들에게만 접근을 허용하였고(합리적 구분)
2. 네이버 주소록으로 작성된 정보는 법인계정으로 관리하였고, 구글 스프레드시트로 작성된 정보는 피해자 회사 직원들만 초대하는 방법으로 일반인의 접근을 차단하였으며(기술적 관리)
3. 네이버 계정과 구글 계정은 모두 피해자 회사의 대표인 고소인이 관리하고 있었음(조직적 관리)
4. 피해자 회사가 소규모이고 대부분 가족으로 구성된 점(기업의 규모)

5. 피고인과 고소인이 서로 알고 지낸 기간이 길고 피고인의 근속기간이 10년을 초과하여 신뢰관계가 형성되어 있었던 점(침해자와 보유자의 신뢰관계)
6. 피해자 회사가 이 사건 고객정보에 대하여 상시 접근을 허용하였던 것은 이는 이 사건 고객정보가 다른 직원들의 업무와도 밀접하게 관련되어 있었을 뿐만 아니라 지속적인 업데이트가 필요하였기 때문이고(일상적인 접근을 허용할 영업상의 필요성)
7. 피해자 회사는 이 사건 발생 이전에는 영업비밀을 침해당한 적이 없었음 (침해 전력)

피고인에게 무죄를 선고한 원심을 파기하고 벌금 400만 원의 형을 선고함
피고인이 상고하였으나 상고는 기각됨

국가핵심기술 등의 비밀유지 및 경업금지 서약서
(예시)

당사자는 귀사를 퇴직함에 있어 재직 기간 중 취득한 국가핵심기술 또는 주요 영업자산을 보호하기 위해 아래와 같이 서약함

제1조. 국가핵심기술 관련 업무 수행

- (예시) 서약자는 재직 중에 별첨 1의 국가핵심기술 관련 업무 수행

제2조. 퇴사자의 국가핵심기술 비밀유지의무

- (예시) 퇴사 시 국가핵심기술 자료 반납 및 자료 유출이 없음을 확인

- (예시) 퇴사 후 사측의 동의 없이 국가핵심기술의 공개, 사용, 누설 등을 금지

제3조. 경업금지의무

- (예시) 퇴직 후 0년간 귀 ○○○회사의 국내·외 경쟁업체 A사, B사, C사 등으로 전직 금지 또는 경쟁업체와 동업계약, 자문계약, 용역계약 미체결

- (예시) 제3의 업체에 취업하여 경쟁업체가 진행하는 회의, 컨설팅, 연구, 개발 등의 업무에 미종사

제4조. 경업금지에 대한 보상

- (예시) 경업금지 약정 대가로 금 000원정을 별도로 수령

제5조. 위약금 및 손해배상 책임

- (예시) 경업금지 약정 위반 시 위약벌로 금 000원(지급액의 0배)을 소속사에 지급하며, 지급일부터 반환일까지의 법정이자는 별도로 사측에 반환

- (예시) 위약벌 지급 외 서약서상 의무위반에 따른 손해발생 시 별도의 배상책임 확인

제6조. 정보제공 의무

- (예시) 경업금지 의무 이행 여부 확인을 위해 퇴직 후 경업금지 기간 내에 거주지, 직장, 출입국 정보 등을 주기적으로 사측에 제출할 의무 존재

- (예시) 주기적인 자료 제출 미이행 시 사측의 출입국 정보 확인에 동의*, 경쟁업체 전직 및 기타 경쟁업체 협력관계에 있는 것으로 간주됨에 동의

*사측의 출입국 정보 확인을 위해서는 퇴직 당사자의 개인정보 제공 동의서(「개인정보 보호법」 제17조 제2항의 각호의 내용 등 포함)가 필수적으로 요구됨

당사자는 상기 사항을 성실히 준수할 것이며, 위반 시 산업기술보호법 등 관련 법령의 민·형사상의 책임을 감수하고, 손해배상 또는 기타 원상회복 조치를 이행할 것임을 서약함

회사와 퇴사자는 본 계약의 성립을 증명하기 위하여 본 계약서 2부를 작성하여 각각 서명(또는 기명날인)한 후 각자 1부씩 보관함

20 년 월 일

성명 :　　　　　(서명)

비밀유지 서약서(예시)

소 속 :
성 명 :
생년월일 :　　년　　월　　일

위 본인은 20 년 월 일 자로 주식회사 ABC(이하 '회사'라 함)에 입사하여, 회사로부터 영업비밀 및 영업자산의 중요성과 영업비밀 등의 보호와 관련한 법령 및 회사의 취업규칙, 영업비밀 관리규정 기타 사규, 방침, 정책 등에 관하여 충분한 설명을 듣고 그 내용을 이해하였기에, 다음 사항을 준수할 것을 서약합니다.

1. 본인은, 아래와 같은 정보가 회사의 영업비밀에 해당함을 확인하며, 회사의 취업규칙, 영업비밀 관리규정 기타 사규, 방침, 정책 등을 준수할 것을 서약합니다.
   ① 영업비밀 관리규정 기타 회사의 내부 규정에 기재된 영업비밀 보호 대상
   ② 영업비밀임이 표시된 기술자료, 공장 배치도, 제품 설계도면, 금형, 시제품, 제조 및 판매 매뉴얼, 제조원가, 판매 및 가격결정, 거래선 자료, 인력정보 등에 관한 정보 등
   ③ 통제구역, 시건장치, 패스워드 등으로 접근이 제한된 컴퓨터 시스템, 보관함, 통제구역에 보관된 기록매체, 문서, 물건, 정보 등
   ④ [추가 사항 기재]

⑤ 그 밖에 회사가 영업비밀로 지정하고 표시하였거나, 회사가 영업비밀로 관리하고 있는 비밀정보

2. 본인은, 회사에 재직 중 취득하게 되는 회사의 영업비밀, 회사의 연구개발·영업·재산 등에 영향을 미칠 수 있는 유형·무형의 정보 기타 회사의 주요 영업자산을 재직 시는 물론 퇴사 후에도 이를 비밀로 유지하고, 회사의 사전 서면 동의 없이는 경쟁업체나 제3자에게 제공하거나 누설하지 않으며, 부정한 목적으로 공개하거나 사용하지 않을 것을 서약합니다.

3. 본인은, 회사에 재직 중 취득하게 되는 회사의 영업비밀, 회사의 연구개발·영업·재산 등에 영향을 미칠 수 있는 유형·무형의 정보 기타 회사의 주요 영업자산에 대한 모든 권리가 회사의 소유임을 인정하고, 이를 회사에 귀속시킬 것을 서약합니다.

4. 본인은, 회사에 재직 중 회사의 승인을 받지 아니하고는 통제구역, 허가받지 않은 정보, 시설 등에 접근하지 아니하며, 회사의 영업비밀을 복제하거나 사본 등의 형태로 보관하지 아니할 것을 서약합니다.

5. 본인은, 입사 전 또는 재직 중에 취득한 타인의 영업비밀 등에 해당하는 정보를 회사에 제공하거나 개시하지 않을 것이며, 업무상 그 정보의 개시가 불가피하다고 판단되는 경우에는 사전에 회사와 상의하여 타인의 영업비밀 등을 침해하지 않도록 할 것을 서약합니다.

6. 본인은, 회사에 재직 중에 회사의 사전 승인을 받지 아니하고는 회사와 동종, 유사 업체의 임직원으로 겸직하거나 자문을 제공하지 아니할 것을 서약합니다.

7. 본인은, 회사의 컴퓨터 등 정보처리장치와 정보통신망을 업무용으로만 사용할 것이며, 회사가 불법 행위 방지 및 영업비밀 등의 보호를 위하여 필요한 경우 본인의 컴퓨터 등 정보처리장치나 전자 우편 또는 인터넷 등 정보통신망의 사용 내역, 기타 필요한 정보를 모니터링할 수 있으며, 불법행위 또는 영업비밀 등의 누설이나 침해의 우려가 있을 경우 관련 내용을 열람할 수 있음을 이해하고, 이에 동의합니다.

8. 본인은, 퇴사 시 재직 중에 보유하였던 회사의 영업비밀, 회사의 연구개발·영업·재산 등에 영향을 미칠 수 있는 유형·무형의 정보 기타 회사의 주요 영업자산과 관련된 자료 모두를 회사에 반납하고, 이에 관한 어떠한 형태의 사본도 개인적으로 보유하지 않으며, 반납할 수 없는 것은 폐기할 것을 서약합니다.

위 서약한 사항을 위반할 경우 관련 법규에 의한 민형사상 책임을 감수할 것임을 서약합니다.

20 . .

서약자: (서명)

주식회사 ABC 귀하

Ⅱ. 중소기업 기술보호 진단지표

　중소기업 기술보호 진단지표 확인은 정보 등급 분류, 표시와 고지 여부, 규정과 서약서, 교육과 인사 조치(징계/보상) 등 전체적으로 중소기업의 기술보호 역량을 강화하여 안정적인 기술개발 여건을 조성하고 기업의 기술경쟁력 제고 및 관련 산업발전에 기여하고자 추진되는 것을 목적으로 한다. 중소기업 기술보호지원에 관한 법률 제14조에 따라 대중소기업농어업협력재단(기술보호 선도기업 육성프로그램, 중소기업 기술보호 정책보험, 디지털포렌식 지원 등 전담 기관)을 중심으로 유관 기관이 함께 지원하고 있으며 기술보증기금은 기술보증기금법 제12조에 근거, 투융자와 보증, 출연, 복합금융을 제공할 뿐 아니라 Tech Safe, 증거지킴이(TTRS), 기술지킴이(임치서비스), 기술신탁관리를 하고 있고 대·중소기업·농어업협력재단은 전문가 상담·자문, 기술분쟁 조정·중재, 기술임치·활용, 법무지원반, 지방기술보호지원반 등 피해 구제를 하고 있다. 그 밖에도 재단에서는 기술보호 인식개선/교육, 기술 유출 방지 구축지원, 기술보호 선도기업 육성프로그램, 중소기업 기술보호 정책보험, 디지털포렌식 지원 등을 하고 있다.

〈연혁〉

2018. 02. [중소기업 기술탈취 근절대책] 발표
2017. 01. 부처 통합 [중소기업 기술보호 통합상담신고센터] 개소
2016. 04. [중소기업 기술보호 종합대책] 발표
2015. 01. [중소기업기술분쟁조정·중재위원회] 발족
2014. 12. [중소기업기술 보호 지원 전담기관] 지정(대중소기업농어업협력재단)
2014. 11. [중소기업 기술보호 지원에 관한 법률] 제정·시행

2009. 2. [기술자료 임치센터] 개소
2005. 중소기업 기술 유출 방지 정책 개시(중소벤처기업부)

☐ (대분류) 1. 기술보호 정책(20점)

중소기업이 자사가 보유한 핵심기술을 체계적으로 보호하기 위해 갖추어야 할 제반 규정의 수립 절차, 위반 시 제재, 기술보호 업무를 수행할 담당 조직·인력, 기술보호 중·장기 투자 계획 등을 Plan, Do, Check, Act의 사이클에 따라 지속적이고 반복적으로 실행하여야 한다.

◦ (중분류) 1.1 정책 수립 및 운영(20점)

소분류	세부 지표	배점 (점)
1.1.1 기술보호 규정 수립 및 배포 (5점)	기술보호 규정은 임직원이 쉽게 이해할 수 있도록 문서로 수립하여야 한다.	1.50
	기술보호 규정은 경영진의 승인을 받아야 한다.	1.50
	조직의 대내·외 환경에 중대한 변화 발생 시 기술보호 규정을 검토하고 제정/개정하여야 한다.	1.00
	관련 규정은 그룹웨어 게시판 등 임직원이 쉽게 접할 수 있는 방식으로 제공되어야 한다.	1.00
1.1.2 기술보호 규정에 따른 처벌 및 보상 (5점)	기술보호 규정 등의 위반 및 준수에 대한 공식적인 처벌 및 보상 절차를 수립하여야 한다.	3.00
	상벌 규정에 따라 위반자는 처벌을 이행하여야 한다. (위반자가 없는 경우 이행한 것으로 간주)	1.00
	기술보호 우수 인력에 대한 인센티브 등을 부여하여야 한다.	1.00
1.1.3 기술보호 담당부서 및 인력 (5점)	기술보호를 총괄할 수 있는 임원 및 전담(겸임) 직원이 문서화를 통해 지정되어야 한다.	1.50
	지정된 임원 및 전담(겸임) 직원이 수행하여야 할 업무를 정의하고 책임과 권한을 부여하여야 한다.	1.50
	기술보호 관리 부서는 전담(겸임)으로 구성·운영되어야 한다.	1.00
	기술보호 관리자는 전임(겸임)으로 지정·운영되어야 한다.	1.00

소분류	세부 지표	배점(점)
1.1.4 기술보호 투자 (5점)	기술보호를 위한 예산을 수립하고 경영진의 승인을 받아 문서로 관리하여야 한다.	3.00
	기술보호 투자계획을 수립하여야 한다.	0.50
	기술보호 투자계획에 따라 이행하고 이력을 관리하여야 한다.	0.50
	기술보호 투자 분야에 관한 중·장기계획을 수립하여야 한다.	1.00

□ (대분류) 2. 관리적 보호(20점)

중소기업의 핵심기술을 보호하기 위해 임직원 및 외부 인력에 대하여 정기적인 교육과 비밀유지서약서를 통해 중소기업의 중요정보가 유출되는 것을 차단하고, 핵심기술을 개발에 참여한 인력이 경쟁 관계에 있는 회사로 취업하거나, 회사를 설립 및 운영하는 등의 행위를 전직(경업)금지서약서 등으로 중소기업의 핵심기술을 보호하여야 한다.

◦ (중분류) 2.1 인력관리(15점)

소분류	세부 지표	배점(점)
2.1.1 기술보호 교육 (5점)	기술보호 교육계획을 정기적으로 수립하여야 한다.	1.50
	기술보호 교육계획에 따라 기술보호 교육을 실시하여야 한다.	1.50
	기술보호 교육 시행 후 교육의 효과성을 확인하기 위한 설문조사(또는 테스트)를 실시하여야 한다.	1.00
	교육 설문조사 등을 분석하여 개선사항 등이 반영된 결과보고서를 작성하여야 한다.	0.50
	결과보고서는 경영진에게 보고하며, 차기 기술보호 교육계획에 반영하여야 한다.	0.50

소분류	세부 지표	배점 (점)
2.1.2 비밀유지서약서 (5점)	비밀유지서약서는 준수해야 하는 사항을 구체적으로 명시하여야 한다.	3.00
	임직원 신규 채용 및 퇴직 인력에게는 비밀유지서약서를 받아야 한다.	1.00
	외부자 방문, 계약 등 필요시 비밀유지서약서를 받아야 한다.	1.00
2.1.3 전직(경업) 금지서약서 (5점)	전직(경업)금지서약서에는 준수사항 위반 시 배상책임에 대한 구체적인 내용이 포함되어야 한다.	3.00
	전직(경업)금지서약서를 핵심인력으로부터 징구하여야 한다.	1.00
	전직(경업)금지서약서는 잠금장치가 있는 서랍장 등에 보관 관리하여야 한다.	1.00

◦ (중분류) 2.2 외부자 관리(5점)

소분류	세부 지표	배점 (점)
2.2.1 제3자(외부업체, 협력업체 등) 관리 (5점)	기술보호 규정에 외주업체를 관리하기 위한 내용이 포함되어야 한다.	3.00
	기술보호 규정에 외부업체와 자료 제공에 대한 관리 방안이 포함되어야 한다.	1.00
	제3자와의 계약 시 비밀유지계약(NDA)을 체결하여야 한다.	1.00

☐ (대분류) 3. 물리적 보호(25점)

중소기업 자산을 파악하여 자산의 성격 및 중요도에 따라 분리하고 등급 기준을 수립해야 하며, 업무협의 또는 회의 등으로 외부인이 방문할 경우 내부 자료가 노출되지 않도록 관리하여야 한다. 또한 보호구역 내의 허가되지 않는 외부인이 임의로 출입하지 못하도록 통제가 이루어져야 한다.

◦ (중분류) 3.1 자산관리(10점)

소분류	세부 지표	배점 (점)
3.1.1. 자산 및 기술문서 관리	중요자산의 분류기준을 수립하여야 한다.	3.00
	지식재산 및 영업비밀의 중요도에 따라 등급부여 기준을 수립하여야 한다.	1.00
	지식재산 및 영업비밀의 중요도에 따라 식별하고 등급을 부여하여야 한다.	1.00
	지식재산 및 영업비밀 현황을 조사하여 목록을 최신으로 유지하여야 한다.	1.00
	문서에 등급 표시를 하여야 한다.	1.00
	지식재산 및 영업비밀에 대하여 특허, 임치, 상표권 등을 취득·관리하여야 한다.	3.00

◦ (중분류) 3.2 출입 통제(15점)

소분류	세부 지표	배점 (점)
3.2.1 외부인과 근무공간의 분리 (5점)	외부인의 회사 방문 시 회사 내부자료 등이 노출되지 않도록 근무공간과 분리된 공간(회의실, 접견실 등)이 마련되어야 한다.	3.00
	근무공간에서는 중요 기술자료가 기술보호 규정에 따라 관리되어야 한다.	1.00
	외부자의 근무공간 출입 시에는 출입대장에 방문자, 방문일, 목적 등을 기록·관리하여야 한다.	1.00
3.2.2 출입자 통제·관리를 위한 경비시스템 (5점)	보호구역의 중요도에 따라 유·무인경비시스템을 운영하여야 한다.	3.00
	보호구역에는 CCTV를 설치하고, 주기적으로 모니터링하여야 한다.	1.00
	직원 개인별 ID카드 또는 생체정보기반 출입을 통제하여야 한다.	1.00
3.2.3 보안구역관리 (5점)	중요 기술자산 등을 보호하기 위하여 물리적 보호구역을 통제구역·제한구역·접견구역으로 구분하여야 한다.	3.00
	통제구역 출입관리대장을 기록·관리하여야 한다.	1.00
	중요 장비의 반·출입을 기록·관리하여야 한다.	1.00

□ (대분류) 4. 기술적 보호(20점)

기술보호 활동으로 기업이 보유하고 있는 핵심기술을 파악한 후 기술보호 계획을 수립하여 점검하고, 기술보호 규정에 따라 기술보호 활동이 잘 이루어지는지 사이버 위협으로부터 핵심기술이 손실되거나 유출될 수 있는지 등 전문성을 갖춘 인력을 통해 기술보호 감사가 이루어져야 한다.

◦ (중분류) 4.1 운영관리(10점)

소분류	세부 지표	배점 (점)
4.1.1 기술보호 점검 (5점)	기술보호 활동의 적절성 등을 확인하기 위한 기술보호 점검계획을 수립하여야 한다.	1.50
	수립된 기술보호 점검계획은 경영진에게 승인받아야 한다.	1.50
	기술보호 점검의 내용은 기술보호 규정에 명시된 기술보호 활동의 내용을 반영하여야 한다.	1.00
	기술보호 점검결과는 위반사항에 대한 개선방안 등을 반영하여 경영진에게 보고하여야 한다.	1.00
4.1.2 기술보호 감사 (5점)	기술보호를 위한 활동이 효과적으로 유지되고 있는지를 확인하기 위한 감사계획을 수립하고 실시하여야 한다.	3.00
	기술보호 감사는 독립성 및 전문성(관련 경력 또는 자격)을 갖춘 조직 및 인원이 수행하여야 한다.	1.00
	기술보호 감사 결과 및 개선방안을 경영진에게 보고하여야 한다.	1.00

◦ (중분류) 4.2 IT 보안관리(10점)

소분류	세부 지표	배점 (점)
4.2.1 사용자 계정 및 업무용 PC 보호방안 (5점)	PC 운영체제에 최신 보안패치를 적용하여야 한다.	1.00
	업무용 PC 보안을 위해 바이러스 백신 프로그램을 설치·운영하여야 한다.	1.50
	백신 프로그램을 최신 업데이트 및 실시간 탐지 기능을 적용하여야 한다.	1.50
	핵심인력을 대상으로 PC 사용자 계정에 대한 안전한 관리를 하여야 한다.	1.00
4.2.2 네트워크 보안 (5점)	방화벽(침입차단시스템)을 통해 내부망과 외부망을 분리하여야 한다.	2.00
	무선 네트워크 사용 시 무선AP의 SSID 및 안전한 암호화 등의 보안 설정을 적용하여야 한다.	1.00
	원격지에서 중요 시스템에 접근 시 VPN 등을 활용하여 안전한 접속을 하여야 한다.	1.00
	네트워크 이상 여부 등을 주기적으로 모니터링 및 점검하여야 한다.	1.00
4.2.3 보안 솔루션 설치 및 운영 (가산점)	문서암호화 솔루션을 설치·운영하여야 한다.	0.00
	내부정보유출방지 솔루션을 설치·운영하여야 한다.	0.00
	문서중앙화 솔루션을 설치·운영하여야 한다.	0.00
	랜섬웨어/백업솔루션을 설치·운영하여야 한다.	0.00

☐ (대분류) 5. 사고/재해 관리(15점)

소분류	세부 지표	배점 (점)
5.1 기술정보 유출사고 관리 (5점)	중요 기술정보 유출을 예방하고, 사고 발생 시 신속하게 대응할 수 있도록 대응절차를 수립하여야 한다.	3.00
	중요 기술정보 유출 대응 조직도 및 비상연락망을 문서화하고 최신화하여야 한다.	1.00
	중요 기술정보 유출사고 발생을 인지한 경우 정의된 절차에 따라 보고가 이루어져야 한다.	1.00

소분류	세부 지표	배점(점)
5.2 중요자료에 대한 복구대책 (5점)	중요 기술정보의 백업계획을 수립하여야 한다.	3.00
	중요 기술정보는 주기적으로 백업하여야 한다.	1.00
	백업 정보의 이상 여부를 주기적으로 점검·보완하여야 한다.	1.00
5.3 위기관리체계 수립 및 시행 (5점)	중요 시설에 미치는 재해유형을 식별하고 업무에 대한 영향을 식별하여야 한다.	3.00
	중요 시설에 대한 재해복구 계획을 수립하여야 한다.	0.50
	수립된 재해복구 계획의 적절성을 확인하기 위하여 테스트하여야 한다.	0.50
	중요 시설에 대한 재해복구 계획은 주기적으로 검토·보완하여야 한다.	1.00
합계		100

표준비밀유지계약서
(2022. 2. 15. 제정)

중소벤처기업부

이 표준비밀유지계약서는 「대·중소기업 상생협력 촉진에 관한 법률」 제21조의2의 규정에 따라 중소벤처기업부가 사용 및 보급을 권장하고 있는 양식입니다.

이 표준비밀유지계약서는 비밀유지계약의 표준이 될 기본적 공통사항만을 제시하였는바, 위탁기업과 수탁기업은 이 표준비밀유지계약서의 기본 틀과 내용을 유지하는 범위에서 더 상세한 사항을 계약서에 규정할 수 있습니다.

또한 이 표준비밀유지계약서의 일부 내용은 현행 「대·중소기업 상생협력 촉진에 관한 법률」 및 그 시행령을 기준으로 한 것이므로 계약당사자는 이들 법령이 개정되는 경우에는 개정내용에 부합되도록 기존의 계약을 수정 또는 변경할 수 있으며, 특히 개정법령에 강행규정이 추가되는 경우에는 반드시 그 개정규정에 따라 계약내용을 수정하여야 합니다.

표준비밀유지계약서 (본문)

수탁기업의 기술자료 제공과 관련하여 위탁기업과 수탁기업은
다음과 같이 비밀유지계약을 체결한다.

제1조(계약의 목적) 이 계약은 수탁기업이 위탁기업에게 수탁기업의 기술자료를 제공하는 경우 해당 기술자료를 비밀로 유지하고 보호하기 위하여 필요한 제반 사항을 규정함을 목적으로 한다.

제2조(기술자료의 정의) ① 이 계약에서 '기술자료'라 함은 수탁기업에 의해 비밀로 관리되고 있는 것으로서 다음 각 목의 어느 하나에 해당하는 정보·자료를 말한다.
  가. 제조·수리·시공 또는 용역수행 방법에 관한 정보·자료
  나. 특허권, 실용신안권, 디자인권, 저작권 등의 지식재산권과 관련된 기술정보·자료로서 수탁기업의 기술개발(R&D)·생산·영업활동에 기술적으로 유용하고 독립된 경제적 가치가 있는 것
  다. 시공프로세스 매뉴얼, 장비 제원, 설계도면, 연구자료, 연구개발보고서 등 가목 또는 나목에 포함되지 않는 기타 사업자의 정보·자료로서 수탁기업의 기술개발(R&D)·생산·영업활동에 기술적으로 유용하고 독립된 경제적 가치가 있는 것
② 수탁기업이 「표준비밀유지계약서(별첨) 3-1. 및 3-2.」에 기재한 내용에 따라 기술자료를 제공함에 있어, 비밀임을 알리는 문구(비밀 또는 대외비 등의 국문 또는 영문 표시 등을 의미)가 표시되어 있지 아니하더라도 비밀로 관리되고 있는지 여부에는 영향을 미치지 아니한다.

③ 위탁기업은 수탁기업의 기술자료가 비밀로 관리되고 있는지 여부(기술자료에서 제외되는지 여부)에 대해 의문이 있는 때에는 수탁기업에게 그에 대한 확인을 요청할 수 있다. 이 경우 수탁기업은 확인 요청을 받은 날로부터 15일 이내에 위탁기업에게 해당 기술자료가 비밀로 관리되고 있는지 여부를 서면으로 발송하여야 한다.

제3조(기술자료의 목적외 사용금지) ① 위탁기업은 수탁기업의 기술자료를 「표준비밀유지계약서(별첨) 1-2.」에서 정한 목적으로만 사용하여야 한다.
② 위탁기업이 「표준비밀유지계약서(별첨) 1-2.」에서 정한 목적 수행을 위하여 수탁기업의 기술자료를 제3자에게 제공하고자 할 때에는 사전에 수탁기업으로부터 서면에 의한 동의를 얻어야 하며, 그 제3자와의 사이에 해당 기술자료가 비밀로 유지되어야 함을 목적으로 하는 별도의 비밀유지계약을 체결한 이후에 그 제3자에게 해당 기술자료를 제공하여야 한다.
③ 위탁기업은 「표준비밀유지계약서(별첨) 2.」에 기재되어 있는 임직원들에 한하여 수탁기업의 기술자료를 보유할 수 있도록 필요한 합리적인 조치를 취하여야 하며, 해당 임직원 각자에게 수탁기업의 기술자료에 대한 비밀유지의무를 주지시켜야 한다. 이때 수탁기업은 위탁기업에게 해당 임직원으로부터 비밀유지서약서를 제출받는 등의 방법으로 해당 기술자료의 비밀성을 유지하기 위하여 필요한 합리적인 조치를 취해 줄 것을 요구할 수 있다.

제4조(기술자료의 비밀유지의무) ① 수탁기업이 사전에 서면(전자문

서 포함)으로 동의하지 아니하는 경우, 위탁기업은 제공받은 기술자료를 타인에게 누설하거나 공개하여서는 아니 된다.
② 위탁기업은 수탁기업의 기술자료가 외부로 유출되는 것을 방지하기 위하여 물리적 설비 설치 및 내부비밀관리지침 마련, 정보보안교육 실시 등 기술자료를 보호하고 관리하는 데에 필요한 합리적인 조치를 취하여야 한다.

제5조(기술자료의 반환 또는 폐기 방법)「표준비밀유지계약서(별첨) 1-4.」에서 정한 기술자료의 반환일까지 위탁기업은 수탁기업의 기술자료 원본을 즉시 수탁기업에게 반환하여야 하며, 일체의 복사본 등을 보유하여서는 아니 된다. 단, 수탁기업의 선택에 의해 이를 반환하는 대신 폐기하는 경우에는 「표준비밀유지계약서(별첨) 1-4.」에서 정한 시점까지 이를 폐기하고 위탁기업은 그 폐기를 증명하는 서류를 수탁기업에게 제공하여야 한다.

제6조(권리의 부존재 등) ① 이 계약은 수탁기업의 기술자료를 제공받는 위탁기업에게 「표준비밀유지계약서(별첨) 3-3.」에서 기재한 내용 이외에 기술자료에 관한 어떠한 권리나 사용권을 부여하는 것으로 해석되지 않는다. 단, 위탁기업이 「표준비밀유지계약서(별첨) 1-2.」에서 정한 목적에 따라 사용하는 경우에 대해서는 그러하지 아니하다.
② 이 계약은 위탁기업과 수탁기업 간에 향후 어떠한 확정적인 계약의 체결, 제조물의 판매나 구입, 실시권의 허락 등을 암시하거나 이를 강제하지 않는다.
③ 수탁기업은 기술자료를 제공할 적법한 자격이 있음을 위탁기업에 대하여 보증한다.

제7조(비밀유지의무 위반 시 배상) 위탁기업이 이 계약을 위반한 경우, 이로 인하여 발생한 수탁기업의 손해를 배상하여야 한다. 다만, 위탁기업이 고의 또는 과실이 없음을 입증한 경우에는 그러하지 아니하다.

제8조(권리의무의 양도 및 계약의 변경) ① 수탁기업이 사전에 서면(전자문서 포함)으로 동의하지 아니하는 경우, 위탁기업은 이 계약상의 권리의무를 제3자에게 양도하거나 이전할 수 없다.
② 이 계약의 수정이나 변경은 양 당사자의 정당한 대표자가 기명날인 또는 서명한 서면(전자문서 포함) 합의로만 이루어질 수 있다.
③ 「표준비밀유지계약서(별첨) 2.」에 기재되어 있는 임직원들의 퇴직, 전직, 조직/업무 변경 등으로 인하여 명단이 변경되어야 할 때에는 위탁기업은 수탁기업의 사전 동의를 받은 후, 해당 명단을 서면으로 수탁기업에게 통지하는 것으로 이 계약의 변경을 갈음할 수 있다.

제9조(일부무효의 특칙) 이 계약의 내용 중 일부가 무효인 경우에도 이 계약의 나머지 규정의 유효성에 영향을 미치지 않는다. 다만, 유효인 부분만으로 계약의 목적을 달성할 수 없는 경우에는 전부를 무효로 한다.

이 계약의 체결사실 및 계약내용을 증명하기 위하여 이 계약서를 2통 작성하여 계약 당사자가 각각 서명 또는 기명날인한 후 각자 1통씩 보관한다.

년   월   일

위탁기업	수탁기업
상호 또는 명칭 :	상호 또는 명칭 :
전화번호 :	전화번호 :
주　소 :	주　소 :
대표자 성명 :　　　　(인)	대표자 성명 :　　　　(인)
사업자(법인)번호 :	사업자(법인)번호 :

표준비밀유지계약서 (별첨)

1-1. 수탁기업으로부터 제공받는 기술자료의 명칭 및 범위

* 요구하는 기술자료의 명칭과 범위 등 구체적 내역을 명시하여 기재

| |
| |

1-2. 〈1-1. 기술자료〉를 제공받는 목적

* 위탁기업이 기술자료를 요구하는 정당한 사유 기재

| |
| |

1-3. 〈1-1. 기술자료〉의 사용 기간

| |
| |

1-4. 〈1-1. 기술자료〉의 반환일 또는 폐기일

| |
| |

2. 기술자료를 보유할 임직원의 명단

No	보유자	이메일
1		
2		
⋮		

* 위 임직원의 명단은 본 계약의 체결 및 이행을 위해서만 사용될 수 있는 것으로서 이를 무단으로 전송·배포할 수 없으며, 일부의 내용이라도 공개·복사해서는 안 됨

** 본 건 기술자료를 1-3.의 사용 기간 중 보유할 임직원 명단을 기재

3-1. 〈1-1. 기술자료〉의 제공 방법 및 일자

3-2. 〈1-1. 기술자료〉의 제공 대가 및 지급방법

3-3. 〈1-1. 기술자료〉의 권리귀속 관계

III. 방위기술보호지침

1. 목적

 이 지침은 「방위산업기술보호법」(이하 "법"이라 한다) 및 「방위산업기술보호법 시행령」(이하 "영"이라 한다)에 따라 대상기관의 방위산업기술보호에 필요한 방법과 절차 등을 제공하고, 방위사업청의 실태조사 등에 필요한 사항을 규정함을 목적으로 한다.

2. 정의

1. "방위산업기술"이란 법 제2조 제1호에 따라 방위산업과 관련한 국방과학기술 중 국가안보 등을 위하여 보호되어야 하는 기술로서 방위사업청장이 법 제7조에 따라 지정 고시한 것을 말한다.
2. "방위산업기술보호 실태조사"란 법 제12조, 시행령 제17조에 따른 대상기관의 방위산업기술 보호체계의 구축·운영에 대한 실태조사를 말한다.

3. 방위산업기술 보호대상

① 보호하여야 할 대상은 대상기관이 보유하고 있는 방위산업기술로서 다음 각호와 같다.
 1. 지정·고시된 기술의 도면(관련 소프트웨어를 포함한다) 및 품질보증 요구서
 2. 지정·고시된 기술을 설명하는 기술규격서 및 보고서

3. 방위산업기술이 포함된 견본, 시제품, 전자매체기록, 기술자료 (Technical Data)
4. 그 밖에 방위사업청장이 정하는 방위산업기술이 포함된 자료

② 법 제8조에 따라 보호되는 개발성과물은 연구개발 단계별 산출물로서 제1항의 보호대상을 말한다.

4. 방위산업기술보호 연간 시행계획 수립

대상기관의 장은 법 제5조에 따라 방위사업청장이 매년 수립하여 공지하는 시행계획을 참고하여 대상기관의 방위산업기술보호 시행계획을 매년 수립하여 시행한다.

5. 방위산업기술 보호내규 작성

대상기관의 장은 방위산업기술 유출방지를 위한 기술보호체계를 갖추도록 이 지침에 따라 방위산업기술 보호내규(이하 "내규"라고 한다)를 작성한다. 다만, 대상기관에서 적용하고 있는 내규 중에서 방위산업기술 보호내규와 중복되는 분야에 대해 기존 내규를 적용할 수 있다.

6. 기술보호 책임자 운영

① 대상기관의 장은 다음 방위산업기술을 보호하는 업무를 수행하도록 기술보호총괄 책임자 및 기술보호 부서 책임자를 다음 각호와 같이 임명한다. 이때, 대상기관의 규모와 특성에 맞게 내규·조직도·직제규정 등에 명시하여 관리하여야 한다.

1. 기술보호총괄 책임자
    가. 대상기관의 장으로부터 방위산업기술 보호체계 구축·운영에 대한 전반적인 방위산업기술 보호업무를 위임받아 조정·감독 임무를 수행
    나. 대상기관의 규모 및 특성에 따라 방위산업기술 보호업무를 수행하는 전담부서를 지정하고 부서장을 기술보호총괄 책임자로 임명 가능
2. 기술보호 부서 책임자
    가. 방위산업기술을 보유·취급하고 있는 부서별로 정·부 책임자를 임명
    나. 대상기관의 규모 및 특성에 따라 기술보호총괄 책임자를 기술보호 부서 책임자와 겸임
    다. 보유·취급하는 방위산업기술보호에 대한 업무를 수행

② 대상기관의 장은 기술보호총괄 책임자가 제8조에 따라 실시하는 대상기관의 방위산업기술보호 정책수립을 위한 심의회의 내부 회의록을 유지하여야 한다.

7. 방위산업기술보호 교육

① 대상기관의 장은 방위산업기술 취급자 및 관련 인원이 국방기술보호국장이 지정한 교육기관의 교육 또는 자체 교육계획에 의거 시행하는 교육을 개인별 매년 1회 1시간 이상 받도록 한다. 다만, 제6조의 기술보호 책임자는 매년 국방기술보호국장이 지정한 교육기관의 교육을 반드시 이수하여야 한다.

② 대상기관의 장은 방위산업기술보호 교육을 집합교육, 온라인교육, 교육자료 배포 등 다양한 방법으로 실시하고, 다음 각호와 같이 직책 및 수행하는 업무 특성에 맞는 기술보호교육이 되도록 실시한다.
1. 방위산업기술 관련 부서장 등 관리직 종사자
2. 방위산업기술보호 담당부서 근무자
3. 방위산업기술 취급자
4. 방위산업기술협력 상주 및 상시 출입 외부인·외국인
5. 그 밖에 방위산업기술보호 교육이 필요한 사안 발생 시 해당자(공무상 해외 출장, 보직 이동, 퇴직, 기술 취급 예정자 등도 포함)

③ 대상기관의 장은 자체 교육과 방위산업기술보호 관련 외부 교육 등에 참석내용을 개인별로 기록·유지한다.

④ 대상기관의 장은 1항의 교육을 시행한 뒤 교육내용 및 결과를 종합하여 30일 이내에 국방기술보호국장에게 별표 1호의 서식으로 통보하여야 한다. 다만, 국방기술보호국장은 대상기관의 장으로부터 통보받은 교육내용을 검토한 결과 기술보호 교육으로서 부적절하다고 판단할 경우에는 교육실적에서 제외하고, 이를 대상기관에 통보한다.

8. 방위산업기술보호 심의회 구성 및 운영

대상기관의 장은 방위산업기술의 식별, 관리 및 보호에 필요한 다음 각호의 사항을 심의하기 위하여 방위산업기술보호 심의회(이하 "심의회"라 한다)를 구성하며, 심의회를 구성할 때에는 위원장을 포함하여 5인 이상으로 구성하고, 제6조에 명시된 기술보호 책임자와 기술 전문가

를 포함하도록 한다.
  1. 방위산업기술 식별
  2. 방위산업기술의 보호에 관한 주요사항
  3. 방위산업기술의 보호 관련 내규 제정·개정에 관한 사항
  4. 기타 대상기관의 장 또는 심의회의 장이 방위산업기술과 관련하여 필요하다고 인정한 사항

9. 방위산업기술 유출사고 대응

대상기관의 장은 법 제11조에 따라 방위산업기술 유출사고 대응을 위하여 다음 각호의 사항을 포함한 절차를 수립하며, 제4조에 따른 연간계획에 반영한다.
  1. 방위산업기술 유출 신고
  2. 방위산업기술 유출 상황조사
  3. 방위산업기술 유출 재발방지 활동
  4. 기타 방위산업기술 유출사고 대응을 위해 필요한 사항

10. 방위산업기술 관련 서류의 보존

대상기관의 장은 방위산업기술 관련 서류를 별표 2호의 보존기간에 따라 관리한다.

번호	제목	보존기간	비고
1	방위산업기술보호 자가진단표	2년	제7조
2	보호대상 기술 관련 자가진단 결과 및 조치사항	2년	제11조
3	방위산업기술 관리대장	5년	제13조
4	보호대상 기술 관련 신원조사 대상자 명부	5년	제17조

5	서약서	5년	제17조, 제18조, 제19조, 제20조, 제21조, 제36조, 제39조
6	보호대상 기술 관련 퇴직자 컴퓨터 하드디스크	2년	제18조
7	기술보호구역 관련 마스터키 사용내역	2년	제24조
8	외부인 기술보호구역 관련 방문 시 보호대책 결과	2년	제25조
9	보호대상 기술 관련 방문 시 보호대책 결과	2년	제26조
10	보호대상 기술 관련 정보보호시스템 원격접속관리 대장	2년	제28조
11	보호대상 기술 관련 외부망 차단 여부 점검결과	2년	제29조
12	보호대상 기술보호 관련 각종 시스템에 생성되는 로그파일(전자매체 포함)	2년	제28조, 제29조, 제30조, 제31조

11. 자가진단

대상기관의 장은 별표 3호 서식의 방위산업기술보호 자가진단표에 따라 매년 주기적으로 방위산업기술보호 현황에 대한 자가진단을 실시하고, 그 결과 및 조치사항을 별도로 기록 및 유지한다.(붙임참조)

12. 방위산업기술의 식별 및 관리

1) 보호대상기술의 식별

① 대상기관의 장은 보유한 국방과학기술 중에서 심의회를 통해 보호대상인 방위산업기술을 식별한다.

② 대상기관의 장은 다른 대상기관으로부터 접수한 방위산업기술도 보호대상인 방위산업기술로 식별한다.

2) 방위산업기술의 관리

① 대상기관의 장은 별표 4호 서식의 방위산업기술 관리대장(이하 "관리대장"이라 한다)을 부서별로 작성·유지하며, 필요시 전자매체를 이용하여 관리할 수 있다.

② 대상기관의 장은 방위산업기술을 식별하여 최종 결재권자의 결재 후 관리대장에 등재하고, 접수된 방위산업기술도 접수 즉시 관리대장에 등재한다. 다만, 일과시간 이후 또는 공휴일에 접수된 방위산업기술은 다음 날 관리대장에 등재한다.

③ 대상기관의 장은 방위산업기술을 재분류하거나 다른 대상기관 또는 다른 부서로 이첩(반납)한 때는 관리대장에 해당 부분에 2개의 적선을 그어 표시하고 비고란에 사유를 기록한다.

④ 대상기관의 상은 관리내장 갱신이 필요한 경우 기존 관리대장 최종 기록란 밑에 갱신 일자와 새로운 관리대장에 기록될 방위산업기술 건수, 갱신 기록자를 기재하며, 기술보호총괄 책임자가 이를 확인 후 서명하도록 한다.

3) 방위산업기술의 취급

① 대상기관의 장은 방위산업기술을 취급할 경우에는 표시·관리번호·원본(사본)·보관 등에 있어 일반기술과 구분될 수 있도록 한다.

② 대상기관의 장은 방위산업기술이 군사비밀을 포함하는 경우 「군사기밀보호법」 등 관련 법규에 군사비밀의 생산절차를 적용하되, 제13조 제2항에 따라 방위산업기술이라는 사실을 여백에 표시한다.

③ 대상기관의 장은 제13조에도 불구하고 기술보호구역 내에서 방위산업과 관련하여 방위산업기술의 전부 또는 일부를 일시적으로 사

본형태로 활용이 필요한 경우 사전 심의회를 통해 당해 업무에 대한 별도 관리절차를 마련하여 적용하고, 업무 종료 시 또는 불필요 시 활용자료는 즉시 회수 및 파기한다.

④ 대상기관의 장은 매년 9월 말을 기준으로 별표 5호 서식의 방위산업기술 소유 및 취급인가자 현황을 매년 10월 15일까지 국방기술보호국을 경유하여 방위사업청장에게 통보한다.

4) 방위산업기술 외부 공개 및 제공 시 검토

① 대상기관의 장은 방위산업기술이 포함된 다음 각호의 자료를 외부에 공개하거나 제공하고자 할 때에는 제6조 제1항의 기술보호 총괄 책임자로부터 사전검토를 받아야 한다.

1. 논문
2. 보도자료
3. 홍보자료
4. 녹음 및 녹화테이프
5. 사진 및 영화필름
6. 방산물자 및 모형물
7. 기술자료 및 SW 등

② 대상기관의 장은 제1항에 의거 사전검토 시 다음 각호의 내용이 포함되도록 검토 결과 근거를 기록·유지한다.

1. 검토 일자
2. 검토 자료명
3. 검토 결과 및 조치
4. 승인 여부

5) 방위산업기술 취급 인원

대상기관의 장은 방위산업기술을 방위산업기술과 관련 있는 인원에 한해서 취급하도록 하여야 한다.

6) 방위산업기술 취급 인원 신원조사

① 대상기관의 장은 방위산업기술을 취급하는 인원에 대하여 정보수사기관에 신원조사를 의뢰한다.
② 대상기관의 장은 연구개발사업에 참여하는 연구원의 신원조사 의뢰 시에는 국가과학기술종합정보서비스를 통해 참여제한 조치 여부를 사전 확인하며, 이때 '참여제한 제재'에 해당하는 자는 방위산업기술 취급 대상에서 제외한다.
③ 대상기관의 장은 고용 시 신원조회 결과 적격 인원을 대상으로 기술보호의무 사항을 반영하여 고용계약서를 작성한다.
④ 피고용자는 기술보호 서약서를 작성하여야 하며, 필요시 전자매체로 관리할 수 있다.

7) 방위산업기술 취급 인원 보직 이동 및 퇴직 관리

대상기관의 장은 방위산업기술을 취급·관리하는 인원이 보직을 이동하거나 퇴직할 경우 다음 각호의 사항이 포함된 보호대책을 수립한다.

1. 방위산업기술 관련 자료 정리기간 부여
2. 방위산업기술보호 실태점검 및 교육 실시
    가. 방위산업기술 관련 자료·PC·저장매체 등에 대한 기술보호 실태점검
    나. 방위산업기술 유출 금지 등을 포함한 기술보호교육

3. 정보체계 계정 삭제, 퇴직자의 컴퓨터 하드디스크를 별도 보관
4. 전·후임자 인계·인수 실태 확인
5. 기술보호 서약서 집행(필요시 전자매체로 관리 가능)
6. 관련시설 출입증 회수 또는 출입권한 삭제
7. 그 밖에 대상기관의 장이 정하는 필요한 보호대책 강구

8) 외국인의 방위산업기술 취급 범위

대상기관의 장은 원칙적으로 외국인이 방위산업기술을 취급할 수 없도록 한다. 다만, 해당 외국인이 기술지원 또는 연구개발 참여 등의 명백한 사유로 방위산업기술을 취급해야만 하는 것으로 인정되는 경우 이를 허가하되, 다음 각호의 사항이 포함된 보호대책을 수립하여야 한다.

1. 방위산업기술보호 취급 목적 및 필요성
2. 취급 허용범위와 접근 기간
3. 방위산업기술보호 교육
4. 기술보호 서약서 집행(필요시 전자매체로 관리 가능)
5. 정보통신 시스템 접근이 허용된 경우 수시 감독하며 업무종료 시 즉시 접근 차단

9) 방위산업기술 취급 외국인 관리

① 대상기관의 장은 제19조에 따라 방위산업기술 취급을 허가받은 외국인을 방위산업기술 관련 업무 수행을 위해 고용하거나, 방산 분야 기술협력을 위해 상주 또는 상시 출입 조치하고자 할 때에는 대상자 인적사항, 목적, 기간, 신원조사 결과, 보호대책 등이 포함된 계획서를 작성하고, 계획서 작성 시 다음 각호의 보호대책을 강구한다.

1. 계약서상에 기술보호의무(국내 기술보호법령 준수) 부과
2. 계약 시와 계약 만료 시 기술보호서약서 집행(필요시 전자매체로 관리 가능)
3. 주기적 기술보호교육 실시
4. 지정된 장소 외 출입 통제 대책 강구
5. 부서장 통제(승인)하에 E-mail, FAX 등 이용
6. 노트북 및 저장장치 반출·반입 시 기술보호총괄·부서책임자 승인
7. 근무부서에 대해 주기적 기술보호 실태점검 실시

② 대상기관의 장은 제1항의 외국인이 해외로 출입국할 때에는 기술보호교육 등을 실시하고 현황을 유지한다.

10) 방위산업기술 취급 외부인 관리

① 대상기관의 장은 방산 분야 기술협력을 위해 외부인을 상주 또는 상시 출입시키고자 할 때에는 미리 신원조사를 실시하고 필요한 보호대책을 강구한다. 다만, 사업추진 목적상 신원조사 실시 이전에 출입 등의 조치가 필요할 때에는 기술보호 서약서 집행(필요시 전자매체로 관리 가능) 등의 보호대책을 강구한다.

② 대상기관의 장은 제1항 단서 조항에 의거 신원조사 전 출입 시에는 출입 후 즉시 신원조사를 의뢰하고 신원조사 결과 부적합 인원의 경우 즉시 출입을 제한한다.

③ 대상기관의 장은 신원조회 결과 적격 인원을 대상으로 상주 또는 상시 출입시킬 수 있으며, 이때 다음 각호의 보호대책을 강구한다.

1. 계약서 또는 관련 서류상에 기술보호의무 부과
2. 기술보호 서약서 집행(필요시 전자매체로 관리 가능)

3. 주기적 기술보호교육 실시
4. 지정된 장소 외 출입 통제 대책 강구
5. 대상기관 부서장 통제(승인)하에 E-mail, FAX 등 이용
6. 노트북·저장장치의 반출·반입 시 대상기관 기술보호총괄·부서책임자 승인
7. 계약조건에 따라 근무부서에 대한 주기적 기술보호 실태점검 실시
8. 사업 종료 후 교부된 자료 및 장비 등의 회수

11) 공무상 방위산업기술 관련 해외 출장자 관리

① 대상기관의 장은 공무상 방위산업기술 관련 해외 출장자가 방위산업기술 자료 또는 방위산업기술이 저장된 노트북, PC, USB 메모리 등 저장매체를 포함한 정보시스템을 해외 현지에서 사용하고자 하는 경우 정보가 유출되지 않도록 다음 각호의 보호대책을 수립·시행한다.

1. 정보시스템 접근통제 및 분실방지 대책
2. 암호화 등 정보시스템 저장정보 보호대책
3. 정보시스템에 업무자료 보관 시 인터넷과 연동 금지

② 대상기관의 장은 공무상 방위산업기술 관련 해외 출장자가 대상국에서 제공한 정보시스템을 이용하여 회의 정보를 작성·저장 또는 송수신하지 않도록 하여야 하며, 대상국에서 제공한 USB 메모리 등 휴대용 저장매체를 사용하지 않도록 하여야 한다. 다만, 불가피하게 사용해야 할 경우 별도의 보호대책을 강구하여 자료가 유출되지 않도록 한다.

③ 대상기관의 장은 공무상 방위산업기술 관련 해외 출장자에 대한 현황을 전자매체 등을 활용하여 유지한다.

13. 방위산업기술의 인원통제 및 시설보호

1) 기술보호구역 설정 및 보호대책

① 대상기관의 장은 방위산업기술의 활용을 고려하여 다음 각호와 같이 방위산업기술보호 통제구역(이하 "기술보호 통제구역"이라 한다) 및 방위산업기술보호 제한구역(이하 "기술보호 제한구역"이라 한다)으로 구분하여 기술보호구역을 설정한다. 다만, 필요시 타 법령 및 규정에 의한 보호구역과 기술보호구역을 중복 또는 통합하여 운영을 할 수 있다.

1. 기술보호 통제구역: 방위산업기술 관련 취급·관리자 이외 인원의 출입이 금지되는 구역
2. 기술보호 제한구역: 방위산업기술 관련 취급·관리자 이외 인원의 접근을 방지하기 위하여 그 출입의 제한 및 안내가 요구되는 구역

② 대상기관의 장은 기술보호구역 대상시설의 위치, 규모 및 기능을 고려하여 다음 각호의 보호대책을 강구한다.

1. 출입 인가자의 범위 설정과 비인가 인원의 출입 통제대책
2. 주야간 경계대책
3. 방화대책
4. 경보대책
5. 투시·도청·파괴물질 투척 등의 방지대책
6. 첨단 장비(X-ray 투시기, 카드키, 경보기, CCTV, 생체인식기 등)

③ 대상기관의 장은 기술보호구역에 대한 화재, 천재지변과 같은 간접 피해에 대비하기 위하여 대상시설의 위치, 규모 및 기능에 맞도록 나음 각호와 같은 보호대책을 강구한다.

1. 전기공급장치

   2. 예비전력 공급장치

   3. 항온항습장치

   4. 누수탐지 및 차단장치

   5. 화재경보 및 진화장치

2) 기술보호구역 출입권한 부여 및 마스터키 관리

① 대상기관의 장은 기술보호구역 내 출입 승인된 인원에게만 출입권한을 부여한다. 다만, 출입통제시스템으로 사무실별로 출입권한을 부여 가능 시 대상기관의 장은 기술보호구역 내 사무실별로 출입권한을 부여한다.

② 대상기관의 장은 기술보호구역 내 출입권한을 매 분기 말 기준으로 점검한다.

③ 대상기관의 장은 기술보호구역과 관련된 마스터키 발급·승인절차, 보관방법 및 보유자, 사용내역 등을 매 분기 말 기준으로 점검한다.

3) 공무 목적 기술보호구역 방문 외부인 출입 통제

① 대상기관의 장은 외부인이 국가외교, 방산물자 수출, 기술협력, 장비 설치 및 수리, 감사·조사·수사 등 공무 목적으로 기술보호구역 내 방문하고자 할 때에는 이를 허용한다.

② 대상기관의 장은 외부인이 견학, 위문, 학술조사, 단순 방문 등의 목적으로 기술보호구역 내 방문하고자 할 때에는 이를 허용할 수 없다.

③ 대상기관의 장은 외부인에게 제1항에 따라 기술보호구역 출입을 허가할 경우에는 임의행동을 통제하기 위한 보호대책을 수립하여

야 한다.
④ 대상기관의 장은 외부인의 기술보호구역 출입 관련 현황 및 결과를 기록·유지한다.

4) 방위산업기술 관련 외부인·외국인 근무구역 관리
① 대상기관의 장은 방산 분야 기술협력을 위해 상주 또는 상시 출입하는 외부인·외국인이 근무하는 구역을 기술보호구역 내 설치할 수 없다. 다만, 기술협력 등을 위해 기술보호구역 내 외부인·외국인이 근무해야 하는 명백한 이유가 있을 경우 기술보호구역 내 별도 시설과 동선으로 구분되도록 근무구역을 설치할 수 있다.
② 대상기관의 장은 다음 각호의 내용을 포함하여 외부인·외국인 근무구역 현황을 유지한다.
  1. 소속기관 대표 및 근무 인원
  2. 출입권한 부여(출입관리시스템 출입자 그룹 설정·출입증 발부)
  3. 상주근무 외부인·외국인 신원조사 결과
  4. 전산망 구성도 및 체계 접근 가능목록
  5. 기술보호 교육·상주근무 구역 점검 실시(일시, 대상, 교육/점검내용 등)

5) 기술보호구역 정보통신장비 사용 통제
① 대상기관의 장은 문자·그림·영상·소리 등의 저장·촬영·전송 또는 실시간 영상통화, 모바일 인터넷 등이 가능한 개인소유의 정보통신장비(디지털 카메라, 휴대폰, 스마트폰, 차량용 내비게이션·블랙박스 등)를 기술보호구역에서 사용할 수 없도록 통제한다.

② 대상기관의 장은 대상기관 소유 장비 또는 공무 목적 대외 정보통신장비를 기술보호구역 내 반입하기 위한 사전 승인 및 반출간 저장내용을 점검한다.
③ 대상기관의 장은 제1항, 제2항 확인을 위해 기술보호구역 출입 관련 검색대를 설치·운영하거나 필요한 조치를 강구한다.

14. 방위산업기술 정보보호
1) 정보보호시스템 설치 및 관리
① 대상기관의 장은 업무상 방위산업기술의 전산자료를 전산시스템을 이용하여 유통·관리하는 경우 다음 각호와 같은 정보보호시스템을 도입하여 운용하고, 운용 시 패치와 업데이트 등을 실시한다.
  1. 방화벽, 침입방지시스템(IPS: Intrusion Prevention System) 또는 통합위협관리장비(UTM: Unified Threat Management)
  2. 컴퓨터 바이러스 백신 프로그램
  3. 디지털 저작권 관리(DRM: Digital Rights Management) 또는 데이터 유출방지(DLP: Data Leakage Prevention) 체계
② 대상기관의 장은 정보보호시스템을 운용할 때, IT보안인증사무국으로부터 정보보호 제품 평가·인증을 획득한 제품 또는 국가정보원으로부터 보안적합성 검증을 획득한 제품을 선정하여야 한다.
③ 대상기관의 장은 정보보호시스템의 보안정책 적용을 일시적으로 해제할 경우 이상 유무를 확인하고 기록을 유지한다.
④ 대상기관의 장은 정보보호시스템 관리자를 임명하고 정보보호시스템 설치 및 관리에 대한 내용을 내규에 반영·시행한다.

⑤ 대상기관의 장은 제1항 제1호에 따라 도입한 시스템을 운용함에 있어 다음 각호의 내용을 따른다.
  1. 비인가자 출입 통제 등 방위산업기술의 전산자료 보호관리가 용이한 곳에 정보보호시스템을 설치하고, 운용 및 점검현황을 유지할 것
  2. 정보통신망의 안전한 운용을 위한 목적으로만 정보보호시스템을 사용하고, 설치목적 이외의 프로그램 사용 및 기능의 임의 변경 등 금지
  3. 정보보호시스템을 원격으로 관리하지 않되, 부득이한 경우에는 타당성을 검토하여 원격으로 관리하되 다음 각 목의 사항을 준수할 것
      가. 원격관리 시간을 최소화(미사용 시 10분 이내 자동접속 차단)
      나. 원격관리자에 대한 인증기능 사용
      다. 시스템 관리자는 인가하지 않은 원격관리가 수행되는지 주기적으로 확인
      라. 정보보호시스템 원격접속관리대장에 작업내역을 별표 7호의 서식으로 기록, 유지

2) 외부망 차단 체계

대상기관의 장은 방위산업기술을 해킹 등 사이버 위협으로부터 안전하게 보호하기 위해 다음 각호와 같이 방위산업기술 정보에 접속하는 시스템·컴퓨터에 대한 외부망 차단 체계를 구비한다. 특히, 방산업체의 경우는 방위산업보안업무훈령을 준용한다.
  1. 방위산업기술 정보에 접속하는 시스템·컴퓨터 등은 외부망과 차

단할 것
2. 방위산업기술 정보에 접속하는 시스템·컴퓨터 등은 외부망과 차단 여부를 제9조 방위산업기술 유출사고 대응과 연계하여 반기 1회 이상 점검하여 미흡 사항을 보완하며 이에 대한 결과를 유지할 것
3. 인터넷 등 외부망에 대한 관제 시스템을 설치(도입)할 경우 24시간 모니터링 담당자를 지정하여 운영하되, 필요시 외부 전문기관에 관제 위탁 가능

3) 방위산업기술 전산자료 보호대책 및 접근범위 제한
① 대상기관의 장은 방위산업기술이 포함된 전산자료의 유출, 파괴, 변조 등에 대비하여 다음 각호의 보호대책을 강구한다.
1. 전산자료 백업(Backup) 및 복구 계획 수립·시행
2. 전산자료 복사본(예비)은 안전지역에 별도 관리
3. 전산자료 및 저장매체 보유현황 관리
4. 전산자료 및 정보통신체계의 반입·반출 통제
5. 전산자료에 접근하는 시스템·컴퓨터에 불법침입(해킹) 및 바이러스 피해 예방

② 대상기관의 장은 업무자료 사용 필요 정도에 따라 최소한의 자료만 사용하도록 자료 접근범위를 제한하며, 이 경우 다음 각호의 내용을 참고한다.
1. 작업 인원은 자료별로 접근권한이 있는 자로 제한
2. 작업 범위는 소관 업무에 따라 입력·갱신, 열람·출력 등으로 제한
3. 열람 항목은 필요 정도에 따라 부분항목, 전 항목 등으로 제한
4. 사용자 및 자료에 따라 보호등급 부여 등 강제적으로 접근을 제어

할 수 있도록 보안운영체제(OS) 구축
③ 대상기관의 장은 컴퓨터 사용자가 방위산업기술이 보관되어 있는 시스템에 접속할 때 다음 각호의 사항이 자동으로 저장되도록 한다.
  1. 방위산업기술의 전산자료에 접속한 일시, 접속자 및 접속방법 등을 확인할 수 있는 정보통신망 접근기록
  2. 방위산업기술의 전산자료에 접근한 경우에는 다음 각 목의 기록 유지
     가. 일시, 사용자, 파일명, 건수(크기), 작업형태, 등급, 제목
     나. 부득이하게 로그파일이 위의 '가'목을 충족하지 못하는 경우에는 취약점을 보완 후 운용
④ 대상기관의 장은 방위산업기술의 전산자료를 입력·저장·관리하고자 할 때에는 사전에 방위산업기술민을 입력할 독립된 파일 또는 별도의 데이터베이스를 지정한다.
⑤ 대상기관의 장은 방위산업기술 취급을 허가받지 않은 자가 방위산업기술의 전산자료에 접근할 때에는 이를 경고하여야 하며, 출력할 때에는 출력 일시, 워터마크 및 출력한 컴퓨터의 고유번호가 자동으로 표시되도록 하고, 출력물 불법유출에 대한 보호대책을 강구한다.

4) 기술보호구역 내 정보시스템 보호대책

① 대상기관의 장은 기술보호구역 내에서 보호대상 기술이 포함된 이메일을 송수신할 경우 다음 각호의 보호대책을 강구한다.
  1. 외부로 이메일을 발송할 경우 기술보호 부서 책임자 승인을 받아 전송
  2. 파일 첨부 메일 수발신 시 메일시스템에 해당 사용자, 메일 주소

및 파일 내용 등을 자동 기록
3. 이메일을 이용한 내부자료 불법유출 시 처벌내용을 수시 교육
4. 사전 동의서를 받아 이메일에 대한 검색 실시
5. 일정 용량 이상의 첨부파일을 이메일로 발송할 경우 메일 시스템에서 해당 메일 발송자의 부서장 메일 계정으로 이에 대한 내용 및 파일을 자동으로 발송

② 대상기관의 장은 방위산업기술의 전산자료 유출방지를 위하여 기술보호구역 내 개인 업무용컴퓨터의 경우 다음 각호의 보호대책을 강구한다.
1. 공유폴더를 사용하고자 할 경우 반드시 암호를 설정한 후에 사용하고 사용 후 반드시 제거
2. 화면보호기 대기시간 10분 이내로 설정
3. 라이센스 없는 불법 소프트웨어 사용 금지
4. 외부 반출 시 저장내용 삭제 등 보호조치 후 기술보호총괄·부서 책임자의 확인 및 허가 후 반출

③ 대상기관의 장은 공용 노트북에 대해 다음 각호의 보호대책을 강구한다.
1. 노트북 하드디스크 내 방위산업기술 저장 금지
2. 노트북을 기술보호구역 외부로 반출할 경우 기술보호총괄·부서 책임자 승인 후 반출
3. 노트북을 사용하지 않을 경우 견고한 캐비닛 등에 시건하여 보관

④ 대상기관의 장은 개인 컴퓨터 및 노트북에 대해 다음 각호의 보호대책을 강구한다.
1. 인가되지 않은 개인용 노트북 사용금지

2. 패스워드 설정 시 9자리 이상 영문·숫자·특수문자 혼용
3. 3회 이상 접속(또는 로그인) 실패 시 잠금 기능 적용
4. 사용된 패스워드는 12개월 내 재사용 금지
5. 방위산업기술 전산자료는 암호화하여 저장

15. 연구보안

1) 연구개발사업의 범위

① 적용대상 연구개발사업은 무기체계 연구개발사업 및 핵심기술 연구개발사업으로 한다.

② 무기체계 연구개발사업과 관련된 개발성과물에 대한 보호는 탐색개발단계 및 체계개발단계에 적용한다.

③ 핵심기술 연구개발사업은 응용연구단계, 시험개발단계에서 적용한다. 다만 응용연구단계는 시제가 생산되는 경우에 한하여 적용한다.

2) 연구개발사업 수행 시 방위산업기술 보호

연구개발주관기관은 시행령 제14조에 따른 연구개발 단계별 방위산업기술 보호에 필요한 대책(이하 "기술보호 계획"이라 한다)을 수립할 경우 제12조부터 제31조까지 적용한다.

3) 무기체계 연구개발사업 수행 시 방위산업기술 보호

① 연구개발 주관기관은 별표 8, 별표 9 서식에 따른 방위산업기술보호 계획을 수립하여 탐색개발실행계획서 또는 체계개발실행계획서와 함께 통합사업관리팀에 제출하여야 한다.

② 제1항에 따른 방위산업기술보호 계획을 수립할 때 연구개발주관기관은 탐색개발단계 방위산업기술보호 계획을 체계개발단계 방위산업기술보호 계획에 반영하여야 한다.
③ 통합사업관리팀장은 제1항에 따른 기술보호계획에 대한 적절성 등의 검토를 국방기술보호국장에게 요청한다.
④ 제3항에 따른 요청을 받은 국방기술보호국장은 연구개발 주관기관이 수립한 방위산업기술 보호계획의 적절성을 검토하여야 한다.

4) 핵심기술 연구개발사업 시 방위산업기술 보호
① 국방과학연구소는 국방과학연구소주관과제의 응용연구계획서 및 시험개발계획서 수립 시, 별표 10 서식에 따른 기술보호 계획을 포함하여야 한다.
② 국방과학연구소 및 방산기술지원센터는 산학연주관과제의 응용연구계획서 및 시험개발계획서 작성지침 수립 시, 별표 10 서식에 따른 기술보호 계획을 포함하여야 한다.
③ 핵심기술사업팀장은 제1항 및 제2항에 따른 기술보호계획에 대한 적절성 등의 검토를 국방기술보호국장에게 요청할 수 있다.
④ 제3항에 따른 요청을 받은 국방기술보호국장은 응용연구계획서 및 시험개발계획서에 포함된 기술보호 계획의 적절성 여부를 검토하여야 한다.

5) 연구개발간 기술협력 시 방위산업기술 보호대책
대상기관의 장은 연구개발간 기술습득을 위한 파견, 위탁연구, 공동연구, 기술용역 등 기술협력계약을 체결하는 경우에는 다음 각호의 보호대책을 계약서에 포함한다.
   1. 방위산업기술을 취급·관리하는 인원에 대한 신원조사
   2. 상기 1호 인원에 대한 서약서 집행 및 교육
   3. 계약조건에 따른 수시 방위산업기술보호 실태점검 실시
   4. 사업 종료 후 교부된 방위산업기술 관련 자료 회수(반납)
   5. 그 밖의 필요한 보호대책 강구

16. 방위산업기술의 수출 및 국내 이전 시 보호

1) 방위산업기술의 수출 및 국내 이전 시 보호체계 구축·운영

대상기관의 장은 방위산업기술을 수출 또는 국내로 이전하는 경우 방위산업기술 관련 해외 사무소를 설치하거나 인력을 파견할 경우에 방위산업기술 보호체계 구축·운영은 제12조부터 제31조까지 적용하여 수립한다.

2) 상대방 기관·업체의 기술보호능력 확인

① 대상기관의 장은 외국 정부 또는 국내외 기업과 인수·합병, 합작, 기술제휴 등을 위한 실사단 운영 시 상대방 기관·업체가 방위산업기술 보호능력이 있는지 여부를 확인한다.

② 대상기관의 장은 외국 정부 또는 국내외 기업의 보호체계 등이 미흡하다고 판단된 경우에는 외국 정부 또는 국내외 기업에 대하여 방위산업기술 보호를 위한 보호대책을 강구하도록 한다.

3) 인수·합병, 합작 및 기술제휴 간 기술보호대책

① 대상기관의 장은 외국 정부 또는 국내외 기업과 합작, 기술제휴 등

을 통하여 방위산업기술을 활용한 연구·제조 등의 행위를 하는 경우에는 다음 각호의 사항이 포함된 보호대책을 수립한다.
1. 사업 시작부터 완료 시까지 적용되는 방위산업기술 보호정책 수립
2. 계약체결 시 계약서 또는 별도 협정으로 보호대상 기술에 대한 보호협약, 보호대상 기술정보의 제3국으로 누설방지에 관한 사항, 제1항 제1호의 기술보호정책 등을 포함
3. 기술자·고문 또는 자문요원 등으로 파견된 외국인에 대한 신원조사, 서약서 집행·교육, 실태점검 실시

② 대상기관의 장은 대상기관이 인수·합병되거나 합작투자로 기업체를 신설하는 경우에도 방위산업기술의 보호를 위해 제1항의 사항을 포함하여 보호체계를 구축·운영하여야 한다.

4) 수출 시 방위산업기술 보호

① 대상기관의 장은 방위산업기술을 수출하고자 하는 경우 별표 11호 서식에 따른 기술보호 대책을 마련하여야 한다.

② 1호에 따른 기술보호 대책은 법 제9조에 따른 수출허가 신청 시 별도로 제출하여야 한다.

〈붙임〉

방위산업기술보호 자가진단표

1. 방위산업기술의 관리

핵심요소 ★(이하 동일)

점검 항목
1.1. 방위산업기술보호 심의회를 구성해서 운영하고 있는가?
1.1.1. 방위산업기술보호 심의회 구성·운영 내규 보유(★)
1.1.2. 기술보호 책임자, 기술 전문가 포함 5인 이상으로 심의회 구성(★)
1.1.3. 기술의 식별, 관리 및 보호 관련 심의회 운영
1.1.4. 방위산업기술보호 심의회 위원(장) 인사명령으로 보직
1.2. 기술보호 내규를 결재하고, 관련 소속 직원에게 공표하였는가?
1.2.1. 내규에 기술관리, 시설, 정보보호 등 보호체계 관련 내용 작성 유지(★)
1.2.2. 내규에 연구개발, 수출 및 국내 이전 등 보호체계 관련 내용 작성 유지
1.2.3. 방위산업기술보호 심의회 개최하여 보호내규 의결
1.2.4. 대상기관의 장 방위산업기술 보호내규 결재
1.2.5. 대상기관 소속 직원에게 기술보호내규 공지(★)
1.2.6. 대상기관 직원 대상 기술보호 내규 내용 인지 및 열람, 활용(★)
1.3. 기술보호 연간계획을 수립하고, 계획에 의거 시행하고 있는가?
1.3.1. 방위산업기술보호 연간 업무추진 계획 수립(★)
1.3.2. 방위산업기술보호 연간 업무추진 계획에 의거 시행간 정기 성과분석 시행
1.3.3. 방위산업기술보호 연간 업무추진 계획 시행간 정기 성과분석 후 후속 조치 실시
1.4. 방위산업기술 유출사고에 대한 대응 절차를 내규에 반영하고 주기적으로 확인 및 점검하였는가?
1.4.1. 방위산업기술 유출사고 대응 절차에 대한 내규 보유(★)
1.4.2. 유출사고 대응 절차에 대한 주기적 대응 절차 확인 및 점검

1.4.3. 주기적 대응 절차 확인 및 점검 결과 미흡 사항에 대한 조치
1.5. 방위산업기술의 취급은 적절한가?
1.5.1. 방위산업기술 관리대장 기술목록과 보유 기술의 일치(★)
1.5.2. 방위산업기술 관련 직원만 기술 취급·관리토록 정책·제도 시행(★)
1.5.3. 방위산업기술을 일반기술과 구분되도록 표시에 대한 내규 보유
1.5.4. 방위산업기술을 일반기술과 구분되도록 표시에 대한 내규 적용
1.5.5. 방위산업기술을 일반기술과 구분되도록 보관에 대한 내규 보유
1.5.6. 방위산업기술을 일반기술과 구분되도록 보관에 대한 내규 적용
1.5.7. 방위산업기술을 일반기술과 구분되도록 보관용기에 대한 내규 보유
1.5.8. 방위산업기술을 일반기술과 구분되도록 보관용기에 대한 내규 적용
1.6. 방위산업기술의 식별 및 관리는 적절한가?
1.6.1. 방위산업기술 식별(★)
1.6.2. 방위산업기술보호 심의회를 열어 방위산업기술기술 결정(★)
1.6.3. 방위산업기술 관리대장 보유(★)
1.6.4. 방위산업기술 관리대장 부서별 관리
1.6.5. 방위산업기술 관리대장 지침대로 작성
1.7. 방위산업기술 관련 각종 자료에 대한 외부 공개 또는 제공 시 사전검토를 하였는가?
1.7.1. 방위산업기술기술 외부 공개 및 대외 제공 시 검토 절차에 대한 내규 보유(★)
1.7.2. 검토 결과 자료 관리
1.7.3. 방위산업기술기술 관련 각종 자료 사전검토
1.7.4. 기술보호총괄(부서) 책임자에 의한 외부 공개 또는 제공 승인(★)
1.8. 대상기관의 장은 기술보호총괄 책임자와 기술보호 부서 책임자를 인사명령으로 임명하고 관련 교육을 이수토록 하였는가?
1.8.1. 대상기관의 내규·조직도·직제규정 등에 기술보호총괄(부서) 책임자 정·부 임무(직무) 명시(★)
1.8.2. 기술보호총괄(부서) 책임자 인사명령으로 보직(★)

1.8.3. 기술보호총괄(부서) 책임자 기술보호 관련 회의록, 업무협조 내역 유지
1.8.4. 기술보호총괄(부서) 관련자 방위사업청 주관 기술보호 교육 이수한 직원으로 보직
1.9. 자가진단계획에 의거 자가진단을 실시하고 그 결과를 유지하며 미흡한 사항에 대해 조치하고 있는가?
1.9.1. 방위산업기술보호 자가진단 절차에 대한 내규 보유(★)
1.9.2. 연 1회 이상 자가진단 실시(★)
1.9.3. 자가진단 결과 미흡 사항에 대한 조치 실시
1.10. 기술보호교육 全 대상자는 점검일 기준 연 1회 이상 자체교육 또는 대외교육계획에 의거 교육에 참석하거나 교육계획에 반영 후 시행하고 매 교육 후 그 결과를 방위사업청에 통보하였으며 연 1회 이상 교육대상자 전원이 교육을 받았는가?
1.10.1. 연간 기술보호교육계획에 의거 기술보호교육 내용을 직급 또는 수행하는 업무에 따라 준비
1.10.2. 기술취급 및 관련 全직원 연 1회, 1시간 이상 교육 참석(★)
1.10.3. 내부교육과 대외교육 이수 개인별 실적 기록·유지
1.10.4. 교육 후 교육내용과 참석자 등 교육실적을 방위사업청에 보고(30일 이내)(★)

2. 방위산업기술 취급 인력관리

점검 항목
2.1. 대상기관의 장은 방위산업기술 취급·관리 全 인원 또는 관련 외국인의 경우 모두 신원조사 의뢰하여 적격자를 보직 또는 상주시켰는가?
2.1.1. 신원조사 대상자 전원을 신원조사 의뢰(연구원 국가연구개발사업 참여 제한자 제외)(★)
2.1.2. 신원조사 결과 적격자 보직 및 고용계약서(비밀유지의무 조항) 작성(★)
2.1.3. 방위산업기술 취급·관리자 기술보호 서약서 작성(★)
2.1.4. 기술보호 서약서 5년간 보관

2.2. 기술 취급·관리 인원의 보직 이동 및 퇴직 시 자료정리 기간 부여, 실태점검, 교육, 서약서 집행, 정보체계 계정 삭제, 출입 권한 삭제 등의 조치를 내규에 의해 시행하였는가?
2.2.1. 방위산업기술 취급·관리 인원의 보직 이동 시 세부절차에 대한 내규 보유(★)
2.2.2. 보직 이동 시 보호대책 모두 적용
2.2.3. 방위산업기술 취급·관리 인원의 퇴직 시 세부절차에 대한 내규 보유(★)
2.2.4. 퇴직 시 보호대책 모두 적용
2.2.5. 보직 이동 및 퇴직 시 기술보호 서약서 작성(★)
2.2.6. 기술보호 서약서 5년간 보관
2.3. 방위산업기술 취급 외국인에 대한 보호대책을 강구하는가?
2.3.1. 방위산업기술 취급 외국인에 대한 내규 유지(★)
2.3.2. 방위산업기술 취급 외국인에 대한 보호대책 강구
2.3.3. 보호대상 기술 취급 외국인의 외국 출입국 현황 유지
2.4. 방위산업기술 취급 외부인에 대한 보호대책을 강구하는가?
2.4.1. 방위산업기술 취급 외부인에 대한 내규 유지(★)
2.4.2. 방위산업기술 취급 외부인에 대한 보호대책 강구
2.5. 기술 취급·관리 인원이 공무상 해외 출장 시 보호대책을 강구하였는가?
2.5.1. 공무상 해외 출장 시 방위산업기술 관리절차에 대한 내규 유지(★)
2.5.2. 기술보호총괄(부서) 책임자에 의한 교육·확인 실시
2.5.3. 대상국 제공 정보시스템 사용에 대한 보호대책 내규에 명시
2.5.4. 방위산업기술 관련 공무상 해외 출장자 현황 유지

3. 기술보호구역 인원통제 및 시설보호

점검 항목
3.1. 기술 보호구역의 설정을 내규에 반영하여 시행하고 있는가?

| 3.1.1. 보호구역 및 보호대책에 대한 내규 유지(★) |
| 3.1.2. 보호구역 설정·운용(★) |
| 3.1.3. 보호구역에 대한 보호대책 강구 |
| 3.1.4. 보호구역에 대해서 화재·천재지변과 같은 간접피해 대비 |
| **3.2. 보호구역 내 출입 통제 절차를 내규에 반영하여 시행하고 있는가?** |
| 3.2.1. 보호구역 내 공무 목적 방문 시 출입절차에 대한 내규 보유(★) |
| 3.2.2. 공무 목적 외부인 방문 시 보호구역 출입 시 안내계획 수립·시행 |
| 3.2.3. 기술보호총괄 책임자, 외부인 방문 시 보호대책 실시결과 기록·유지 |
| 3.2.4. 보호구역을 공무 목적의 상주·상시 출입 외부인에 대한 통제 |
| **3.3. 보호구역 내 사무실별 출입권한을 내규에 반영하여 시행하고, 마스터키 사용에 대한 관리절차를 내규에 반영하여 시행하고 있는가?** |
| 3.3.1. 보호구역 출입증 발급 시 출입권한 사무실별 부여(★) |
| 3.3.2. 보호구역 내 사무실 출입권한 시행성태 점검 및 위반자 제재기준에 대한 내규 보유 |
| 3.3.3. 사무실별 출입권한 부여(★) |
| 3.3.4. 출입권한 미부여자 출입 시 위반자 제재기준에 의한 처리 |
| 3.3.5. 마스터키 관리 절차에 대한 내규 보유(★) |
| 3.3.6. 마스터키 사용내역 관리·유지 |
| **3.4. 기술 관련 외국인·외부인 근무구역 관리를 내규에 반영하여 시행하고 있는가?** |
| 3.4.1. 방위산업기술 관련 외국인·외부인 근무 구역 현황 관리·유지(★) |
| 3.4.2. 외국인·외부인 대상 정기적인 기술보호교육 및 상주근무 구역 점검 실시 |
| **3.5. 보호구역 내 정보통신장비 반·출입은 출입 인원별로 통제되고 있는가?** |
| 3.5.1. 정보통신장비 보호구역 반·출입 통제 기준에 대한 내규 보유(★) |
| 3.5.2. 대상기관 직원, 상주 및 상주 출입 외국인·외부인, 공무 목적 외부인 등으로 구분하여 적용 |
| 3.5.3. 정보통신장비 휴대 시 카메라 기능과 저장내체 연결 기능 세한 소치 |
| 3.5.4. 보호구역 출입 전 검색대 등 추가적인 필요한 조치 강구 |

4. 방위산업기술 정보보호

점검 항목
4.1. 방위산업기술이 포함된 자료를 전산시스템을 이용하는 경우 UTM(방화벽, IPS 기능 포함), 백신, DRM 또는 DLP 등 정보보호시스템을 설치하고 운용하는가?
4.1.1. UTM(방화벽, IPS 기능 포함) 또는 방화벽, IPS 설치(★)
4.1.2. 바이러스 백신 프로그램 설치(PC 및 서버 등 全 전산 장비)(★)
4.1.3. DRM(파일암호해제 권한은 팀장 또는 부서장 이상 보직자에게 부여하며, 암호 해제 요청자가 보직자일 경우 차상급자의 허가를 득하여야 함. 암호해제 권한은 위임하여서는 안 되며, 불가피한 경우 권한 위임은 차상급자로 제한함) 또는 DLP 설치(★)
4.1.4. CC인증 제품 사용
4.1.5. 비인가자 출입 통제 등 장비보호 대책 강구 설치(UTM)
4.1.6. 원격관리 불가, 부득이한 경우 타당성 검토 후 승인하 관리 및 원격접속 관리대장 기록 유지
4.1.7. 보안정책 변경 또는 일시 해제 시 부서장 승인
4.1.8. 탐지 보안정책(패치) 수시 업데이트
4.1.9. 주기적인 로그기록 점검, 로그 백업 등 관리
4.2. 방위산업기술 접속하는 시스템·컴퓨터 등과 외부망 간 차단되어 있는가?
4.2.1. 기술 접속하는 시스템·컴퓨터 등과 외부망 차단(정보보호시스템 또는 물리적 차단)(★)
4.2.2. 패치관리시스템 및 백신서버 분리 운용
4.2.3. 네트워크 접근제어(NAC)를 설치하여 비인가 기기 접속 통제(★)
4.2.4. 망 간 자료 전송 시 자료전송시스템 운용(망 간 자료 전송 권한은 팀장 또는 부서장 이상 보직자에게 부여하며, 자료 전송자가 보직자일 경우 차상급자의 허가를 득하여야 함. 결재 권한은 위임하여서는 안 되며, 불가피한 경우 결재 권한은 차상급자로 제한함)
4.2.5. CC인증 제품 사용
4.2.6. 방위산업기술 접속 시스템 관리자 임명
4.2.7. 연 1회 이상 취약점 점검 및 문제점 보완

4.3. 인터넷을 관제할 수 있는 시스템 설치 및 24시간 관제가 되고 있는가?

4.3.1. 보안관제 시스템 설치(★)

4.3.2. CC인증 제품 사용

4.3.3. 24H 전문인력에 의한 관제(또는 과기부 고시 보안관제 전문업체 활용)(★)

4.3.4. 보안정책 변경 또는 일시 해제 시 부서장 승인

4.3.5. 탐지 보안정책 수시 업데이트

4.3.6. 주기적인 로그기록 점검, 로그 백업 등 관리

4.3.7. 관제결과 이상 발생 시 기관 통보 및 조치 이행

4.4. 긴급사태에 대한 전산자료 복구계획 수립 및 준비는 되어 있는가?

4.4.1. 긴급사태 발생에 대한 방위산업기술자료 백업 및 복구계획 수립(★)

4.4.2. 방위산업기술자료 백업본은 안전지역에 별도 관리

4.4.3. 방위산업기술자료 및 저장된 저장매체 보유현황 관리

4.4.4. 주기적인 전산자료 복구 절차 훈련 실시

4.5. 방위산업기술자료별 접근범위를 제한하고 있는가?

4.5.1. 방위산업기술 자료별 접근범위 및 권한에 대한 정책 수립(★)

4.5.2. 기술자료 보관 주 컴퓨터(서버) 접속 기록 생성·유지(★)

4.5.3. 주 컴퓨터(서버) 내 방위산업기술 저장용 독립 파일 또는 DB 유지(★)

4.5.4. 중요자료 접근 시 경고 문구, 출력 시 이력(일시, PC번호 등) 표시

4.6. 보호구역 내 운용되는 정보시스템(PC, 노트북, 이메일 등)에 대한 보호대책을 강구하고 있는가?

4.6.1. 외부 이메일 발송 시 해당 부서장(결재권자가 메일을 전송할 경우 차상급자의 결재를 득하여야 하며, 업무상 목적으로 외부 상용메일로 자료 전송이 불가피할 경우 수신 대상 상용메일 계정의 실사용자가 확인되어야 하며, 자료 송신자는 관련 일지를 유지하여야 함) 승인 전송(★)

4.6.2. 파일 첨부 메일 수발신 시 메일 시스템에 해당 주소 및 파일 내용 기록

4.6.3. 인가되지 않은 개인 PC, 노트북 사용 금지(★)

4.6.4. PC 및 노트북 외부 반출 시 기술보호 담당부서 승인 후 반출(★)
4.6.5. 패스워드 설정 시 9자리 이상 영문·숫자·특수문자 혼용, 주기적 변경(★)
4.6.6. 방위산업기술 관련 전산자료 패스워드 설정 저장
4.7. 방위산업기술에 대한 해킹 등 사이버 위협에 대한 대응절차를 마련하여 준비하고 있는가?
4.7.1. 사이버 위협에 대한 대응절차 내규 수립(★)
4.7.2. 방위산업기술 유출사고 대응 절차와 연계 지속적인 대응절차 확인 점검
4.7.3. 유관기관 비상연락망 최신화 유지

5. 연구개발 시 방위산업기술보호

점검 항목
5.1. 연구개발 시 활용되는 방위산업기술 유출방지를 위한 보호체계 구축·운영은 "1. 방위산업기술 관리 ~ 4. 방위산업기술 정보보호" 내용을 평가(25개 항목)
5.2. 연구개발간 기술습득을 위한 파견, 위탁연구 및 기술용역 등 기술협력을 할 때 신원조사, 서약서 집행·교육, 수시 실태점검, 사용 종료 후 자료 회수(반납) 등을 계약 시 포함하여 이행하였는가?
5.2.1. 계약서에 연구개발 全 단계를 고려 보호대책 명시(★)
5.2.2. 계약서에 명시한 내용대로 시행
5.2.3. 기술보호 서약서 5년간 보관
5.2.4. 사업 종료 후 방위산업기술 관련 자료 회수(★)

6. 방위산업기술의 수출 및 국내 이전 시 보호

점검 항목
6.1. 방위산업기술의 수출 및 국내 이전 시 방위산업기술을 유출방지를 위한 보호체계 구축·운영은 "1. 방위산업기술 관리 ~ 4. 방위산업기술 정보보호" 내용을 평가(25개 항목)

6.2. 상대방 업체 또는 기관이 방위산업기술보호 능력이 있는지 여부를 확인하였는가?
6.2.1. 실사단 운영 시 상대방 기관(업체 포함) 기술보호 능력 확인(불법이전, 오용, 유용, 분실 및 도난 등 포함)(★)
6.2.2. 상대방 기관(업체) 기술보호능력 결과에 대한 조치(★)
6.3. 인수·합병, 합작 및 기술제휴 시 보호대책은 강구하였는가?
6.3.1. 계약서 또는 협정 시 수출 및 국내 이전 全 단계를 고려 방위산업기술 활용 시 보호대책 강구(★)
6.3.2. 계약서 또는 협정 시 기술분류, 제3국 누설방지, 정보보호체계 등에 대한 보호대책 명시(★)

PART 3

사이버 보안

Ⅰ. 사이버 보안의 역사

사이버 보안의 역사는 1918년 폴란드 암호 보안전문가들이 개발한 에니그마 평문 메시지를 암호화된 메시지로 변환하는 장치로 올라간다. 처음에는 은행(금융) 보안을 위해 개발되었으나 2차 세계대전에서 독일군이 군사통신 보안으로 사용하면서 통신문 입력자와 암호화 코드를 읽는 자, 기록자로 분류하여 하나의 군대를 형성하면서 본격적으로 시작되었다. 컴퓨터학에서는 최초의 컴퓨터를 1946년 2월 공개된 애니악이라고 말하고 있지만 〈이미테이션 게임〉이라는 영화를 보면 알 수 있듯이 1943년 12월 앨런 튜링의 콜로서스, 2,400개 진공관으로 높이 3m 자동연산처리장치가 최초의 컴퓨터라고 할 수 있다.

메사추세츠 공과대학에서 1948년에 전기 기차, 트랙, 스위치를 보다 빠르게 조작하여 기차 사고를 막고자 하는 의미에서 만들었던 TM-RC(Tech Model Railroad Club)가 컴퓨터 자체를 연구하는 움직임으로 변하면서 해킹한다는 표현을 사용하였다. Hack은 효율적 결과를 만들기 위한 창조인이란 의미였다. 이어 1960~1970년 미 국방부가 연구기관, 방위사업체들과 정보공유를 하기 위해 ARPA(The advanced reserch Project Agency) 프로젝트를 통해 컴퓨터 연동망을 개발하면서 이것이 훗날 인터넷의 뿌리가 되었다.

1969년 켄 톰프슨과 데니스리치가 유닉스라는 운영체제를 개발하고 1971년 레이먼드 톰린슨이 '@'를 이용한 최초의 이메일을 발송했다. 1974년 MITS라는 회사가 최초로 앨테어 8800이라는 개인용 컴퓨터를 만들었던 1975년, 빌 게이츠는 하버드대 법대생이었는데 컴퓨터 앨테어 8800 기사를 보고 자퇴한 뒤 마이크로소프트를 설립했다는 이야기는 유명하다.

이어 1979년에 스티브 워즈니악과 스티브 잡스가 애플 컴퓨터를 개발하여 죽음의 숫자 666.66센트에 판매하였고 그해 브라이언 커닝엄과 데니스리치가 C 언어를 개발하였다.

1981년 이언 머피가 AT&T 컴퓨터 시스템에 침입해서 전화요금 관련 시간을 바꾸어 낮은 가격의 심야요금을 대낮에 적용되도록 조작한 사건으로 실형을 받으며 최초의 해커로 평가받은 뒤 지식과 정보를 소수가 독점할 수 없고 누구나 자유롭게 이용해야 한다는 정보권 논쟁이 촉발되었고 이후 오픈소스 운동과 카피레프트의 시발점이 되었다. 이후 1986년에는 서독 해커들이 전 세계 300여 기관에 불법 접근을 시도한다는 사실이 밝혀지면서 이 자금의 출처가 구소련 KGB라는 논쟁이 있어 어지러운 정세에 해커들이 나쁜 이미지로 비추어지기 시작했다.

2000년 이후 컴퓨터가 차차 대중화되면서 일반인이 바이러스를 인지하고 PC에 방화벽과 백신이 설치되었다. 궁극적으로는 분산 서비스 거부(DDoS)와 같이 몇 시간 동안 인터넷 사이트를 마비시키는 방법으로 업무방해를 하는 사람들이 해커라는 이미지가 강해졌는데 이는 그러한 불편함으로 금전을 취하려고 하거나 타인의 사생활을 훔쳐보고자 하는 범죄의 목적을 가졌기 때문이다. 1990년대에 데프콘 해킹대회가 생겨나면서 해킹의 기법 중 트로이 목마, 백 오리피스와 같은 방법들이 확산되고 2000년 최대 보안사고였던 러브 버그 바이러스는 "I Love You"라는 제목과 첨부된 러브레터를 열면 내가 보내지 않은 이메일이 대신 스팸으로 보내지는 사고였다.

또한 CNN, 아마존 사이트를 마비시키는 DDoS 공격 외 2003년 마이크로소프트를 마비시켰던 슬래머 웜에 이어 2004년 베이글 웜(1/19),

마이둠 웜(1/27), 넷스카이 웜(2/16)이란 웜 삼총사가 등장하여 보안사고의 공포를 느끼게 했다.

그 밖에도 해커들은 주민등록번호를 유출시키기도 하고 유명 은행 등의 피싱사이트를 만들어 놓고 돈을 인출하고 사이버 머니를 충전하게 하여 인출하는 등 최근에는 스마트폰에 앱이나 링크를 보내 악성 툴을 작동하게 하고 가상화폐를 해킹하는 등 범죄의 방법도 고도화되고 있다.

산업보안에서 그 중요성이 나날이 강화되고 있는 사이버 보안은 원칙적으로 접근통제와 이용권한 통제, 이용범위 통제로 나눌 수 있다.

첫째 접근통제는 기밀성을 유지하는 것으로 방화벽, 암호, 패스워드 등을 이용하여 다중적으로 인가된 자만 접근하도록 하는 것을 말한다.

둘째, 이용권한 통제는 무결성을 유지하는 것으로 적절한 권한을 가진 사용자가 보안준칙에 어긋나지 않은 인가한 방법으로만 정보를 취득, 변경, 양도 및 폐기할 수 있는 것을 의미한다. 예를 들어 오직 정부만이 한국은행을 통해 지폐를 바꿀 수 있게 하는 것으로, 권한을 가진 자만이 원칙적으로 접근하고 허용된 행위를 할 수 있게 하는 것이다.

셋째, 이용범위 통제는 가용성으로 조건과 범위 내에서만 접근하여 이용할 수 있는 것으로 모든 시간과 모든 범위를 접근과 이용권한을 가진 자에게 주는 것이 아니라 분류한 뒤 등급을 처리하고 조건과 범위를 설정하는 것을 말한다. 그러므로 24시간 편의점과 같은 이용방식은 가용성을 훼손한다고 할 수 있다.

원칙적으로 사이버 보안에서 취득, 사용, 누설한 데 대해 5년 이하 징역 또는 5천만 원 이하의 벌금이 일반적이다. 사이버 보안의 기본법은 정보통신망 이용촉진 및 정보보호 등에 관한 법률인데 1. 이용자 동의 없이 개인정보를 수집한 자 2. 개인정보 목적 외에 이용한 자 및 제3자에게 제공하거나 제공받은 자 3. 이용자 개인정보를 훼손, 침해, 누설한 자 4. 정보통신망에 침입하거나 장애를 발생하게 한 자 5. 타인의 정보를 훼손하거나 타인의 비밀을 침해 도용, 누설한 자가 여기에 속한다.

1. 속이는 행위에 의해 개인정보를 수집한 자 2. 직무상 비밀을 누설한 자 및 목적 외에 사용한 자는 3년 이하의 징역 또는 3천만 원 이하의 벌금에 처한다.

1. 기술적 관리적 조치 미이행으로 개인정보를 분실, 도난, 유출, 위조, 변조, 훼손한 정보통신서비스제공자 2. 청소년 유해매체물임에도 이를 표시하지 않고 영리 목적으로 제공한 자 3. 청소년 유해매체물 광고를 청소년에게 전송, 공개한 자는 2년 이하의 징역 또는 2천만 원 이하의 벌금에 처한다.

1. 표준화 및 인증을 위반한 제품을 표시, 판매, 진열한 자 2. 음란한 부호, 문언, 음향, 영상 등을 배포, 판매, 임대, 전시한 자 3. 공포와 불안을 유발하는 부호, 문언, 음향, 화상, 영상을 반복한 자 4. 사전동의를 받지 않고 영리 목적의 광고성 정보를 전송한 자 5. 불법행위를 위한 광고성 정보를 전송한 자는 1년 이하의 징역 1천만 원 이하의 벌금에 처한다.

그 밖에도 정보통신망 이용촉진 및 정보보호 등에 관한 법률상 온라인명예훼손을 당한 경우 사실 유포 시에는 3년 이하 징역 또는 3천만 원 이하 벌금, 허위사실 유포 시에는 7년 이하 징역, 10년 이하 자격정지 또는 5천만 원 이하 벌금에 처한다.

정보통신기반법은 인터넷 서비스 프로바이더나 통신사와 같은 주요 정보 통신 기반시설 보호법으로 주요 정보 통신기반시설을 교란, 마비, 파괴한 경우 10년 이하의 징역 또는 1억 원 이하의 벌금에 처하며 클라우드 발전 및 이용자 보호에 관한 법률은 이용자 동의 없이 이용자 정보를 이용하거나 제3자에게 제공한 자 및 이용자의 동의 없음을 알면서도 영리 또는 부정한 목적으로 이용자 정보를 제공받은 자는 5년 이하 징역 또는 5천만 원 이하 벌금에 처한다.

전자정부법은 공공데이터, 행정정보를 위조, 변경, 훼손하거나 말소하는 행위를 한 사람은 10년 이하의 징역에 처하며, 행정정보를 공동 이용하는 정보시스템을 정당한 이유 없이 위조, 변경, 훼손하거나 이용한 자, 행정정보를 변경하거나 말소하는 방법 및 프로그램을 공개, 유포한 행위를 한 자는 5년 이하의 징역 또는 5천만 원 이하의 벌금에 처한다.

II. 사이버 보안의 대상

　보안설정은 시스템 보안, 네트워크 보안(웹 서비스 포함), 데이터/콘텐츠 보안으로 나눌 수 있는데 일단 모든 시스템은 각자 운영체제를 가지고 있으므로 각 OS별 계정관리, 권한관리 등을 분류하고 네트워크 장비에 대한 계정관리, 접근관리 VLAN 설정 등과 같이 장비 레벨에서 설정할 보안 사항이 존재한다.
　애플리케이션 보안은 시스템에 설치된 서비스 종류에 따라 애플리케이션 고유의 취약점이 있고 웹서버와 DB서버 역이 애플리케이션 종류에 따라 보안 설정 및 관련 취약점이 존재한다. 그러한 취약점을 보호하기 위해 방화벽, 침입탐지 시스템, 침입차단 시스템, DLP, 스팸차단 시스템 등 네트워크상에서 패킷을 분석하여 이를 대응하는 시스템이 많이 존재하고 사용자 업무환경과 관련한 보안 툴 등을 활용하게 된다.
　윈도우, 유닉스, 리눅스, 맥 OS 등에서 윈도우 사용률이 90%인 것은 사실이고 악성코드는 대부분 윈도우를 목표로 하는 경우가 많다. 서버의 경우 금융권과 공공기관이 유닉스를 사용하는 경우도 많은 것은 사실이지만 대부분 포털 등은 윈도우가 절대적으로 많다. 리눅스는 유닉스와 비슷하면서 쉽게 구할 수 있고 소스도 공개되어 있고 맥 OS도 뿌리가 유닉스라 모바일까지 함께 하는 경우 유용한 체계이다. 다만 리눅스는 버전에 따라 보안 설정과 운영방법이 상이한 경우가 있어 유닉스의 표준화된 체계를 별도로 살펴보고 이해하여야 한다.
　네트워크는 1973년 TCP/IP가 기본이 되는 프로토콜이고 프로그래밍은 C 언어 이해가 필요하고 방화벽 및 침입 탐지 시스템을 다루거나 리버스 엔지니어링을 하기 위해서는(취약점 분석) 어셈블리어 이해가 요구된다. 보안전문가의 업무는 웹, 데이터베이스, WAS, FTP, SSH, Telnet 등 서버프로그램 설치, 기본설정, 각 서버별 인증 및 접근제어, 암호화 수준과 암호화 방식 여부를 이해하여야 한다.

보안시스템의 경우 방화벽, 침입탐지 시스템, 침입방지 시스템, 단일사용자 승인, 네트워크 접근 제어 시스템, 백신과 같은 보안 솔루션의 경우 시스템별 기본 보안통제와 적용원리, 네트워크상의 구성과 목적 등을 이해하여야 한다. 그 밖에도 모니터링 시스템, 네트워크 관리시스템과 네트워크 트래픽 모니터링 시스템 등이 요구되며 암호에 있어 대칭 키 알고리즘과 비대칭 알고리즘 종류와 단계별 강도, 공개키 기반구조를 이해하여야 한다.

보안정책의 전문가는 기술 외에 사이버 보안에서 보안프로세스를 숙지하고 있어야 한다. 무엇을 보호할 것인지와 어떤 것을 보호할 것인지가 중요한 정보이므로 보안정책 100%를 이해하는 침입자가 있으면 속수무책으로 당할 수밖에 없다. 그러므로 안정적으로 보안정책과 절차준수를 확인하기 위해서는 전임직원 보안교육과 서약서를 징구할 보안담당자가 필요하며 단순한 엔지니어에게 맡기는 것이 아니라 전반적인 기업의 전략을 이해하고 시행할 수 있는 조직구성 권한을 산업보안담당자에게 주어야 한다.

Ⅲ. 사이버 범죄의 이해

사이버 범죄는 사이버 의존형 범죄와 사이버 이용형 범죄로 나눌 수 있다.

컴퓨터, 컴퓨터 네트워크 또는 기타 유형의 ICT 기술을 이용하여야만 실행될 수 있는 범죄를 사이버 의존형 범죄로 해킹, 악성 프로그램, 서비스 거부 등 컴퓨터, 컴퓨터 네트워크 또는 기타 유형의 ICT 기술을 활용하여 행해진 그 규모나 범위가 전통적 범죄를 의미한다.

사이버 이용형 범죄는 기존의 범죄를 보다 신속하고 확산의 범위가 넓게 만드는 범죄, 즉 아동음란물, 스토킹, 저작권 침해, 사기 등이 여기에 포함된다고 할 수 있다.

최근 사이버 범죄는 사이버 보안산업을 확장시키는 데 큰 기여를 했다고도 할 수 있는데 그중에서도 사이버 테러리즘은 수자원, 에너지, 의료, 금융, 긴급서비스, 항공 및 선박의 통제 등에 지장을 초래하는 범죄로 테러의 요소를 포함하고 죽음 또는 대규모 살상을 야기하며 정치적 동기가 필요한 범죄라는 특징이 있다.

조직적이고, 경제적 동기가 있으며, 기술적으로 복잡하고 초국가적인 특징을 지니며 신고로 인한 별다른 혜택이 없고 공격자는 아마도 체포되거나 기소되지 않을 것이라는 인식이 팽배하며 범죄행위가 발생했다는 사실을 인지하지 못하거나 발생 사실은 알더라도 범죄라는 사실을 인지하지 못하고 컴퓨터의 오류 발생은 일반적이라고 생각하는 부분이 있다.

사이버 범죄 조약(Convention on Cybercrime, Budapest Convention on Cybercrime, Budapest Convention)은 국내법을 조화롭게 만들고 조사 기법을 개선하고 국가 간 협업을 증대시킴으로써 인터넷과 컴퓨터 범죄(사이버 범죄)의 해결을 강구하는 최초의 국제 조약이다. 프랑스의 유럽 평의회가 구성한 것으로 참관 회원국으로 캐나다, 일본, 필리핀, 남아프리카, 미국이 있다. 조약, 설명 보고서가 2001년 11월 8일 109회 유럽 평의회 위원회에서 채택되었다. 2001년 11월 23일 부다페스트에서 서명을 위해 개최되었으며 2004년 7월 1일 발효에 들어갔다. 현재 가입국은 미국, 일본, 캐나다, 호주, EU 등 총 67개국이며 대한민국은 아직 가입되어 있지 않다.

이 조약은 4개의 장으로 구성되어 있는데 1장은 용어를 정의하고 있고, 2장은 1. 컴퓨터 데이터 및 시스템의 기밀성, 무결성, 가용성을 침해하는 범죄(2조 불법접근, 불법감청, 3조 데이터 및 시스템 침해, 4조~5조 장치의 오용, 6조) 2. 컴퓨터 관련 범죄는 컴퓨터 관련 위조(7조) 컴퓨터 관련 사기(8조) 3. 콘텐츠 관련 범죄(아동음란물 등) 4. 저작권 및 저작인접권 침해 범죄 등이 규정되어 있다.

- 사이버 테러형 범죄에는 해킹, 서비스 거부 공격, 바이러스 제작, 유포 악성 프로그램, 메일 폭탄이 있고 사이버 일반범죄에는 사기(통신, 게임), 불법복제(음란물, 프로그램), 불법/유해 사이트(음란, 도박, 폭발물, 자살), 명예훼손죄, 모욕죄, 개인정보침해, 사이버 스토킹, 성폭력, 협박/공갈이 있다.

1. 사이버 테러형 범죄

해킹이란 정당한 접근권한 없이 또는 허용된 접근권한을 초과하여 정보통신망에 침입하는 행위(정통망법 규정 - 협의의 해킹과 계정도용 포함)를 말한다.

이는 컴퓨터 또는 네트워크와 같은 자원에 대한 접근제한(Access Control) 정책을 비정상적인 방법으로 우회하거나 무력화시킨 뒤 접근하는 행위로, 그중 가장 많은 계정도용은 정당한 접근권한 없이 또는 허용된 접근권한을 넘어 타인의 계정(ID, Password)을 임의로 이용한 경우를 말한다. 現 게임계정도용과 일반계정도용을 분리, 집계하고 있으나, 구분의 실익이 없으므로 계정도용으로 단순화하였다.

· 정당한 접근권한 없이 또는 허용된 접근권한을 넘어 컴퓨터 또는 정보통신망에 침입한 경우
· 정당한 접근권한 없이 또는 허용된 접근권한을 넘어 컴퓨터 또는 정보통신망에 침입 후 데이터를 유출, 누설한 경우
· 정당한 접근권한 없이 또는 허용된 접근권한을 넘어 컴퓨터 또는 정보통신망에 침입 후, 타인의 정보를 훼손(삭제, 변경 등)한 경우(홈페이지 변조 포함)

그 밖에도 해킹은 단순침입, 자료유출, 자료훼손의 결과를 가져오기도 한다.

서비스 거부 공격(DDoS 등)은 정보통신망에 대량의 신호, 데이터를 보내거나 부정한 명령을 처리하도록 하여 정보통신망에 장애(사용 불능, 성능 저하)를 야기한 경우, 정당한 사유 없이 정보통신 시스템, 데이터 또는 프로그램 등을 훼손, 멸실, 변경, 위조하거나 그 운용을 방해할

수 있는 프로그램을 전달 또는 유포하는 경우, 정보통신망 침해형 범죄 중에서, 위 중분류 3개 항목(해킹, 서비스 거부 공격, 악성 프로그램) 어디에도 유형별로 분류되지 아니하거나, 이전에는 없었던 신종 수법으로 정보통신망을 침해하는 범죄인 경우가 있다. 그 밖에 악성 프로그램 유포도 있다.

2. 사이버 일반범죄

(1) 사이버 사기

- 정보통신망(컴퓨터 시스템)을 통하여, 이용자들에게 물품이나 용역을 제공할 것처럼 기망하여 피해자로부터 금품을 편취(교부행위)한 경우
- 단, 온라인을 이용한 기망행위가 있더라도, 피해자와 피의자가 직접 대면하여 거래한 경우 등은 사이버 범죄가 아니라고 할 수 있다.
- on-line에서 기망행위 후, off-line에서 만나 현금, 물품 편취제외
- off-line에서 기망행위 후, on-line에서 대금을 송금 편취제외

1) 직거래 사기
정보통신망(컴퓨터 시스템)을 통하여, 물품 거래 등에 관한 허위의 의사표시를 게시하여 발생한 대금 편취 사기

2) 쇼핑몰 사기
정보통신망(컴퓨터 시스템)을 통하여, 허위의 인터넷 쇼핑몰 등을 개설하여 발생한 대금 편취 사기

3) 게임 사기

정보통신망(컴퓨터 시스템)을 통하여, 게임 캐릭터 및 아이템 등 인터넷 게임과 관련하여 발생한 대금 편취 사기

4) 기타 사이버 사기

직거래, 쇼핑몰, 게임사기에 해당하지 않고, 정보통신망(컴퓨터 시스템)을 통한 기망행위를 통해 재산적 이익을 편취한 경우

(2) 사이버금융범죄

정보통신망을 이용하여 피해자의 계좌로부터 자금 이체받거나, 소액 결제가 되게 하는 신종 범죄로 전기통신금융사기 피해 방지 및 피해금 환급에 관한 특별법에 의거 지급정지가 가능하다.

단, 재화의 공급 또는 용역의 제공 등을 가장한 행위는 제외한다고 규정하고 있다.

1) 피싱(Phishing)

개인정보(Private data)와 낚시(Fishing)의 합성어
- ㄱ. 금융기관을 가장한 이메일 발송
- ㄴ. 이메일에서 안내하는 인터넷 주소 클릭, 가짜 은행사이트로 접속 유도
- ㄷ. 보안카드 번호 전부 입력 요구 등의 방법으로 금융정보 탈취
- ㄹ. 피해자 계좌에서 범행계좌로 이체

2) 파밍(Pharming)

악성코드에 감염된 피해자 PC를 조작하여 금융정보를 탈취하는 경우

ㄱ. 피해자 PC가 악성코드에 감염
ㄴ. 정상 홈페이지에 접속하여도 피싱(가짜) 사이트로 유도
ㄷ. 보안카드 번호 전부 입력 요구 등의 방법으로 금융정보 탈취
ㄹ. 피해자 계좌에서 범행계좌로 이체

「전기통신금융사기 피해 방지 및 피해금환급에 관한 특별법」

제2조(정의)
1. "전기통신금융사기"란 「전기통신기본법」 제2조 제1호에 따른 전기통신을 이용하여 타인을 기망(欺罔)·공갈(恐喝)함으로써 재산상의 이익을 취하거나 제3자에게 재산상의 이익을 취하게 하는 다음 각 목의 행위를 말한다. 다만, 재화의 공급 또는 용역의 제공 등을 가장한 행위는 제외하되, 대출의 제공·알선·중개를 가장한 행위는 포함한다.

제15조의2(벌칙)
① 전기통신금융사기를 목적으로 다음 각호의 어느 하나에 해당하는 행위를 한 자는 10년 이하의 징역 또는 1억 원 이하의 벌금에 처한다.
　1. 타인으로 하여금 컴퓨터 등 정보처리장치에 정보 또는 명령을 입력하게 하는 행위
　2. 취득한 타인의 정보를 이용하여 컴퓨터 등 정보처리장치에 정보 또는 명령을 입력하는 행위

*피싱과 파밍은 특별법 제15조의2 제1항 제1호에 의거하여 전기통신금융사기에 적용되므로, '지급정지' 절차 활용이 가능

3) 스미싱(Smishing)

문자메시지(SMS)와 피싱(Phishing)의 합성어

- ㄱ. '무료쿠폰 제공' 등의 문자메시지 내 인터넷 주소를 클릭
- ㄴ. 악성코드가 스마트폰에 설치됨
- ㄷ. 피해자가 모르는 사이에 소액결제 피해 발생 또는 개인, 금융정보 탈취

4) 메모리 해킹

피해자 PC 메모리에 상주한 악성코드로 인하여 정상 은행사이트에서 보안카드 번호 앞뒤 2자리만 입력해도 부당 인출하는 수법

- ㄱ. 피해자 PC가 악성코드에 감염
- ㄴ. 정상적인 인터넷 뱅킹 절차(보안카드 앞뒤 2자리) 이행 후, 이체 클릭
- ㄷ. 오류 반복 발생(이체정보 미전송)
- ㄹ. 일정시간 경과 후, 범죄자가 동일한 보안카드 번호 입력, 범행계좌로 이체

5) 몸캠피싱

음란화상채팅(몸캠) 후, 영상 유포하겠다고 협박하여 금전을 갈취하는 행위

- ㄱ. 타인의 사진을 도용하여 여성으로 가장한 범죄자가 랜덤 채팅 어플 또는 모바일메신저를 통해 접근
- ㄴ. 미리 준비해 둔 여성의 동영상을 보여 주며, 상대방에게 얼굴이 나오도록 음란행위 유도

ㄷ. 화상채팅에 필요한 애플이라거나, 상대방의 목소리가 들리지 않는다는 등의 핑계로 특정파일 설치를 요구 → 다양한 명칭의 'apk 파일'로 스마트폰의 주소록이 범죄자에게 유출

ㄹ. 지인의 명단을 보이며, 상대방의 얼굴이 나오는 동영상을 유포한다며 금전 요구

6) 기타 전기통신금융사기

위 5가지 유형 외에 포함되지 않는 유형 혹은 피해자의 컴퓨터, 스마트폰, 정보통신망을 통하여 피해자의 계좌로부터 자금을 이체받거나, 소액결제가 발생한 경우(메신저 피싱 등)

3. 개인·위치정보 침해

정보통신망(컴퓨터 시스템)을 통하여, 디지털 자료화되어 저장된 타인의 개인정보를 침해, 도용, 누설하는 범죄로, 정보통신망(컴퓨터 시스템)을 통하여, 이용자의 동의를 받지 않거나 속이는 행위 등으로 다른 사람의 개인, 위치정보를 불법적으로 수집, 이용, 제공한 경우도 포함

속이는 행위(피싱)로 타인의 개인정보를 수집한 경우에도 사기의 실행의 착수에 나아가지 않은 경우 개인정보침해에 해당(정통망법 제49조의2 제1항)

4. 사이버 저작권 침해

정보통신망(컴퓨터 시스템)을 통하여, 디지털 자료화된 저작물 또는 컴퓨터프로그램저작물에 대한 권리를 침해한 경우 스팸메일

5. 사이버 스팸메일

정보통신망(컴퓨터 시스템)을 통하여, 법률에서 금지하는 재화 또는 서비스에 대한 광고성 정보를 전송하는 경우 및 이와 관련 허용되지 않는 기술적 조치 등을 행한 경우(정통망법 제74조 제1항 제4호, 6호), 속이는 행위(피싱)로 타인의 개인정보를 수집한 경우에도 사기의 실행의 착수에 나아가지 않은 경우 개인정보침해에 해당(정통망법 제49조의2 제1항)

법률에서 금지하는 재화, 서비스 전송의 경우이나, 이에 관련하여 허용되지 않는 기술적 조치에 대한 처벌 규정도 있는 점 감안하여, 불법 콘텐츠 범죄 항목이 아닌 정보통신망 이용 범죄로 포섭

6. 기타 정보통신망 이용형 범죄

정보통신망(컴퓨터 시스템)을 이용하여 행하여진 범죄 구성 요건의 본질적인 부분이 컴퓨터 시스템 또는 정보통신망(컴퓨터 시스템)에서 행해진 범죄 중 위 중분류 5개 항목(사이버사기, 전기통신금융사기, 개인·위치정보 침해, 사이버저작권 침해, 스팸메일)로 유형별로 분류되지 아니하는 경우

기타 정보통신망 이용형 범죄의 예

[1] 컴퓨터 등 사용 사기(형법 제347조의2): 10년 이하 징역 2천만 원 벌금
정보통신망(컴퓨터 시스템)을 통하여, 컴퓨터 등 정보처리장치에 허위의 정보 또는 부정한 명령을 입력하여 정보처리를 하게 함으로써, 재산상 이득을 편취하는 경우

[2] 전자화폐 등에 의한 거래행위(전자금융거래법 제49조 제5항 제7호, 9호): 3년 이하 징역 2천만 원 벌금
- 정보통신망(컴퓨터 시스템)을 통하여, 다른 가맹점의 이름으로 전자화폐 등에 의한 거래를 한 경우
- 정보통신망(컴퓨터 시스템)을 통하여, 가맹점이 아닌 자가 가맹점의 이름으로 전자화폐 등에 의한 거래를 한 경우

[3] 정보통신망 인증 관련 위반행위(정통망법 제74조 제1항 제1호): 1년 이하 징역 1천만 원 벌금
- 정보통신망(컴퓨터 시스템)을 통하여, 정보통신망 인증을 받지 아니한 자가 그 제품이 표준에 적합한 것임을 나타내는 표시와 비슷한 표시를 한 제품을 표시, 판매, 판매 목적으로 진열한 경우

PART 4

특수 보안

I. 국가정보보안 기본지침

'안전성 검증필 제품 목록' 등재 기본 요건

X: 해당사항 없음

제품 유형	아래 해당되는 항목 중에서 어느 하나 필요				검증필 암호모듈
	CC인증1)	성능평가2)	보안기능 확인서3)	보안적합 성 검증4)	
스마트카드	국가용 보안 요구사항 또는 국가용 보호 프로파일(PP) 준수	×	×	○	×
침입차단시스템		×	국가용·일반 보안요구사항 준수	×	×
침입방지시스템		×		×	×
통합보안관리제품		×		×	×
웹 방화벽		×		×	×
운영체제(서버) 접근통제제품		×		×	×
DB접근통제제품		×		×	×
네트워크접근 통제제품		×		×	×
인터넷 전화 보안제품		×		×	×
무선침입방지시스템		×		×	×
무선랜 인증제품		×		×	×
가상사설망제품		×		×	탑재 필요
디지털복합기		×		×	×
스마트폰 보안관리 제품		×		×	×
스팸메일차단시스템		×		×	×
패치관리시스템		×		×	×
망간자료전송제품 5)		×		×	×
DDoS 대응 장비		국가용 보안 요구사항 준수		×	×
안티바이러스제품				×	×
소스코드 보안약점 분석도구				×	×

네트워크 자료유출 방지제품	×	×			×	×
호스트 자료유출 방지제품	×	×			×	탑재 필요
S/W기반 보안USB 제품	×	×			×	탑재 필요
가상화관리제품	×	×			×	×
네트워크 장비6)	×	×			×	×
저장자료 완전삭제 제품	×	×	×	○		×

1) 「지능정보화 기본법」 제58조 제1항 및 같은 법 시행령 제51조에 따라 과학기술정보통신부장관이 고시한 「정보보호시스템 평가·인증 지침」에 따른 인증(국내용 CC 또는 국제용 CC). 다만, 인증범위(TOE)에 각급 기관이 사용할 보안기능이 포함되어 있어야 함

2) 「정보보호산업의 진흥에 관한 법률」 제17조에 따른 성능평가

3) 본 지침 제19조의2에 따라 보안기능 시험기관이 발급하는 확인 증서

4) 본 지침 제2장 제5절에 따른 보안적합성 검증

5) 망간자료전송제품은 2022년 1월부터 'CC인증'에서 '보안기능 확인서'로 도입 요건이 변경됨

6) 네트워크 장비는 L3 이상 스위치 및 라우터 등을 의미

※ 다수 H/W에 탑재, 배포되는 제품이 "CC인증" 또는 "보안기능 확인서"를 발급받은 경우, 해당 인증서 또는 보안기능 확인서에 H/W 모델명 기재 필요

※ 「소프트웨어 진흥법」 제20조에 따른 품질인증(GS인증)을 받은 제품 중에서 국가용 보안요구사항을 준수하는 제품의 목록 등재에 관하여는 국가정보원 홈페이지 참고

※ 同 지침 시행일로부터 차후에 지침이 개정되는 날까지의 기간 중, 국가정보원 홈페이지에 同 별표의 변경이 공지될 수 있으며, 이 경우 홈페이지에 공지된 별표 내용을 同 지침상의 별표로 봄

'암호가 주 기능인 제품' 도입 요건

제품 유형	도입 요건	비고
메일 암호화제품	검증필 암호모듈 탑재	
구간 암호화제품		
하드웨어 보안토큰		
디스크·파일 암호화제품		
기타 암호화제품		
SSO제품	검증필 암호모듈 탑재 및 CC인증(국가용 보호프로파일 준수)	
DB 암호화제품		
문서 암호화제품(DRM 등)		

보안적합성 검증 신청 시 제출물

1. 최초검증 신청 시 제출물

제출물	정보보호시스템		작성 주체
	상용 제품	자체(용역) 개발	
[서식 제1호]에 따른 보안적합성 검증 신청서	○	○	신청기관
[서식 제3호]에 따른 정보통신제품 도입확인서(현황)	○	○	
기술제안요청서 사본	○	○	
보안기능 점검표	○	○	
운용점검사항	○	○	
CC인증서 사본	○ (인증서 보유 시)		업체
보안기능 운용 설명서	○	○	
기본 및 상세 설계서		○	
개발완료 보고서		○	

2. 재검증 신청 시 제출물

제출물	정보보호시스템		작성 주체
	상용 제품	자체(용역)개발	
[서식 제1호]에 따른 보안적합성 검증 신청서	○	○	신청기관
[서식 제3호]에 따른 정보통신제품 도입확인서(현황)	○	○	
보안기능 점검표	○	○	
운용점검사항	○	○	
변경내용 분석서	○	○	업체

클라우드 서비스 이용 '시스템 중요도' 등급 분류기준

[표] 시스템 중요도 등급 분류기준 및 영역분리

등급		분류기준	영역분리
상	파급영향	- 해당 정보시스템에 대한 침해는 운영기관, 자산 및 개인에게 치명적 악영향을 미칠 수 있음	물리적
	분류기준	- 국가 중대 이익(안보, 국가안전, 국방, 통일, 외교 등), 수사·재판 등 민감정보를 포함하거나 행정 내부업무 등을 운영하는 시스템	
중	파급영향	- 해당 정보시스템에 대한 침해는 운영기관, 자산 및 개인에게 심각한 영향을 미칠 수 있음	물리적
	분류기준	- 비공개 업무자료를 포함 또는 운영하는 시스템	
하	파급영향	- 해당 정보시스템에 대한 침해는 운영기관, 자산 및 개인에게 제한적인 영향을 미칠 수 있음	물리적 또는 논리적
	분류기준	- 개인정보를 포함하지 않고 공개된 공공데이터를 포함 또는 유영하는 시스템	

II. 항공보안

1. 의의

항공보안법은 「국제민간항공협약」 등 국제협약에 따라 공항시설, 항행안전시설 및 항공기 내에서의 불법행위를 방지하고 민간항공의 보안을 확보하기 위한 기준·절차 및 의무사항 등을 규정함을 목적으로 한다.

민간항공의 보안을 위하여 이 법에서 규정하는 사항 외에는 다음 각 호의 국제협약에 따른다.

1. 「항공기 내에서 범한 범죄 및 기타 행위에 관한 협약」
2. 「항공기의 불법납치 억제를 위한 협약」
3. 「민간항공의 안전에 대한 불법적 행위의 억제를 위한 협약」
4. 「민간항공의 안전에 대한 불법적 행위의 억제를 위한 협약을 보충하는 국제민간항공에 사용되는 공항에서의 불법적 폭력행위의 억제를 위한 의정서」
5. 「가소성 폭약의 탐지를 위한 식별조치에 관한 협약」

2. 「항공보안법」에서 정의된 불법방해행위(제2조 제8호)

1. 지상에 있거나 운항 중인 항공기를 납치하거나 납치를 시도하는 행위
2. 항공기 또는 공항에서 사람을 인질로 삼는 행위
3. 항공기, 공항 및 항행안전시설을 파괴하거나 손상시키는 행위
4. 항공기 항행안전시설 보호구역에 무단침입하거나 운영을 방해하는 행위

5. 범죄 목적으로 항공기 또는 보호구역 내로 무기 등 위해물품 반입 행위
6. 지상에 있거나 운항 중인 항공기의 안전을 위협하는 거짓 정보를 제공하는 행위 또는 공항 및 공항시설 내에 있는 승객, 승무원, 지상근무자의 안전을 위협하는 거짓 정보를 제공하는 행위
7. 사람을 사상(死傷)에 이르게 하거나 재산 또는 환경에 심각한 손상을 입힐 목적으로 항공기를 이용하는 행위
8. 그 밖에 이 법에 따라 처벌받는 행위

3. 공항·항공기 등의 보안

(1) 공항시설 등의 보안

① 공항운영자는 공항시설과 항행안전시설에 대하여 보안에 필요한 조치를 하여야 한다.
② 공항운영자는 보안검색이 완료된 승객과 완료되지 못한 승객 간의 접촉을 방지하기 위한 대책을 수립·시행하여야 한다.
③ 공항운영자는 보안검색을 거부하거나 무기·폭발물 또는 그 밖에 항공보안에 위협이 되는 물건을 휴대한 승객 등이 보안검색이 완료된 구역으로 진입하는 것을 방지하기 위한 대책을 수립·시행하여야 한다.
④ 공항을 건설하거나 유지·보수를 하는 경우에 불법방해행위로부터 사람 및 시설 등을 보호하기 위하여 준수하여야 할 세부 기준은 국토교통부장관이 정한다.

(2) 공항시설 보호구역의 지정

① 공항운영자는 보안검색이 완료된 구역, 활주로, 계류장(繫留場) 등 공항시설의 보호를 위하여 필요한 구역을 국토교통부장관의 승인을 받아 보호구역으로 지정하여야 한다.

② 공항운영자는 필요한 경우 국토교통부장관의 승인을 받아 임시로 보호구역을 지정할 수 있다.

(3) 보호구역에의 출입허가

① 다음 각호의 어느 하나에 해당하는 사람은 공항운영자의 허가를 받아 보호구역에 출입할 수 있다.

 1. 보호구역의 공항시설 등에서 상시적으로 업무를 수행하는 사람
 2. 공항 건설이나 공항시설의 유지·보수 등을 위하여 보호구역에서 업무를 수행할 필요가 있는 사람
 3. 그 밖에 업무 수행을 위하여 보호구역에 출입이 필요하다고 인정되는 사람

② 제1항에 따른 출입허가의 절차 등에 관하여 필요한 사항은 국토교통부령으로 정한다.

(4) 승객의 안전 및 항공기의 보안

① 항공운송사업자는 승객의 안전 및 항공기의 보안을 위하여 필요한 조치를 하여야 한다.

② 항공운송사업자는 승객이 탑승한 항공기를 운항하는 경우 항공기내보안요원을 탑승시켜야 한다.

③ 항공운송사업자는 국토교통부령으로 정하는 바에 따라 조종실 출입문의 보안을 강화하고 운항 중에는 허가받지 아니한 사람의 조종실 출입을 통제하는 등 항공기에 대한 보안조치를 하여야 한다.
④ 항공운송사업자는 매 비행 전에 항공기에 대한 보안점검을 하여야 한다. 이 경우 보안점검에 관한 세부 사항은 국토교통부령으로 정한다.
⑤ 공항운영자 및 항공운송사업자는 액체, 겔(gel)류 등 국토교통부장관이 정하여 고시하는 항공기 내 반입금지 물질이 보안검색이 완료된 구역과 항공기 내에 반입되지 아니하도록 조치하여야 한다.
⑥ 항공운송사업자 또는 항공기 소유자는 항공기의 보안을 위하여 필요한 경우에는 「청원경찰법」에 따른 청원경찰이나 「경비업법」에 따른 특수경비원으로 하여금 항공기의 경비를 담당하게 할 수 있다.

(5) 생체정보를 활용한 본인 일치 여부 확인
① 공항운영자 및 항공운송사업자는 다음 각호의 어느 하나에 해당하는 목적에 한정하여 관계 행정기관이 보유하고 있는 얼굴·지문·홍채 및 손바닥 정맥 등 개인을 식별할 수 있는 신체적 특징에 관한 개인정보(이하 "생체정보"라 한다)를 이용할 수 있다.
 1. 공항운영자: 보호구역으로 진입하는 사람에 대한 본인 일치 여부 확인
 2. 항공운송사업자: 탑승권을 발권, 수하물을 위탁하거나 항공기에 탑승하는 승객에 대한 본인 일치 여부 확인
② 제1항에 따라 생체정보를 이용하려는 경우 공항운영자 및 항공운

송사업자는 관계 행정기관에 생체정보 제공을 요청할 수 있으며, 행정기관은 정당한 이유 없이 그 요청을 거부하여서는 아니 된다.
③ 공항운영자 및 항공운송사업자는 제1항 및 제2항에 따른 생체정보를 「개인정보 보호법」에 따라 처리하여야 한다.
④ 제1항 및 제2항에 따른 생체정보를 활용한 본인 일치 여부 확인방법 및 생체정보의 보호 등에 필요한 사항은 대통령령으로 정한다.
⑤ 공항운영자 및 항공운송사업자는 본인 일치 여부가 확인된 사람의 생체정보를 대통령령으로 정하는 바에 따라 파기하여야 한다.

(6) 승객 등의 검색 등

① 항공기에 탑승하는 사람은 신체, 휴대물품 및 위탁수하물에 대한 보안검색을 받아야 한다.
② 공항운영자는 항공기에 탑승하는 사람, 휴대물품 및 위탁수하물에 대한 보안검색을 하고, 항공운송사업자는 화물에 대한 보안검색을 하여야 한다. 다만, 관할 국가경찰관서의 장은 범죄의 수사 및 공공의 위험예방을 위하여 필요한 경우 보안검색에 대하여 필요한 조치를 요구할 수 있고, 공항운영자나 항공운송사업자는 정당한 사유 없이 그 요구를 거절할 수 없다.
③ 공항운영자 및 항공운송사업자는 제2항에 따른 보안검색을 직접 하거나 「경비업법」 제4조 제1항에 따른 경비업자 중 공항운영자 및 항공운송사업자의 추천을 받아 제6항에 따라 국토교통부장관이 지정한 업체에 위탁할 수 있다.
④ 공항운영자는 제2항에 따른 보안검색에 드는 비용에 충당하기 위

하여 「공항시설법」 제32조 및 제50조에 따른 사용료의 일부를 사용할 수 있다.

⑤ 항공운송사업자는 공항 및 항공기의 보안을 위하여 항공기에 탑승하는 승객의 성명, 국적 및 여권번호 등 국토교통부령으로 정하는 운송정보를 공항운영자에게 제공하여야 한다. 이 경우 운송정보 제공 방법 및 절차 등 필요한 사항은 국토교통부령으로 정한다.

⑥ 제2항에 따른 보안검색의 방법·절차·면제 등에 관하여 필요한 사항은 대통령령으로 정한다.

⑦ 제3항에 따라 보안검색 업무를 위탁받으려는 업체는 국토교통부령으로 정하는 바에 따라 국토교통부장관의 지정을 받아야 한다.

⑧ 국토교통부장관은 제6항에 따라 지정을 받은 업체가 다음 각호의 어느 하나에 해당하는 경우에는 그 지정을 취소할 수 있다. 다만, 제1호 또는 제2호에 해당하면 지정을 취소하여야 한다.

1. 거짓이나 그 밖의 부정한 방법으로 지정을 받은 경우
2. 「경비업법」에 따른 경비업의 허가가 취소되거나 영업이 정지된 경우
3. 국토교통부령에 따른 지정기준에 미달하게 된 경우. 다만, 일시적으로 지정기준에 미달하게 되어 3개월 이내에 지정기준을 다시 갖춘 경우에는 그러하지 아니하다.
4. 보안검색 업무의 수행 중 고의 또는 중대한 과실로 인명피해가 발생하거나 보안검색에 실패한 경우

(7) 승객의 신분증명서 확인 등

① 항공기에 탑승하는 사람은 주민등록증, 여권 등 대통령령으로 정하는 신분증명서(이하 "신분증명서"라 한다)를 지니고 있어야 한다.
② 항공기에 탑승하는 사람은 공항운영자 및 항공운송사업자가 본인 일치 여부 확인을 위하여 신분증명서 제시를 요구하는 경우 이를 보여 주어야 한다. 다만, 생체정보를 통하여 본인 일치 여부가 확인되는 등 대통령령으로 정하는 경우에는 그러하지 아니하다.
③ 제2항에서 정한 사항 외에 본인 일치 여부 확인에 필요한 절차·방법 등은 대통령령으로 정한다.

(8) 승객이 아닌 사람 등에 대한 검색

① 공항운영자는 제13조 제1항에 따라 허가를 받아 보호구역으로 들어가는 사람 또는 물품에 대하여도 보안검색을 하여야 한다. 이 경우 보안검색의 방법·절차·면제 및 위탁 등에 관하여는 제15조 제2항 단서, 같은 조 제3항 및 제6항부터 제8항까지의 규정을 준용한다.
② 제1항에도 불구하고 화물터미널 내에 지정된 보호구역으로 들어가는 사람 또는 물품에 대한 보안검색은 화물터미널운영자가 하여야 한다. 이 경우 보안검색의 방법·절차·면제 및 위탁 등에 관하여는 제15조 제2항 단서, 같은 조 제3항 및 제6항부터 제8항까지의 규정을 준용한다.

(9) 통과 승객 또는 환승 승객에 대한 보안검색 등

① 항공운송사업자는 항공기가 공항에 도착하면 통과 승객이나 환승

승객으로 하여금 휴대물품을 가지고 내리도록 하여야 한다.
② 공항운영자는 제1항에 따라 항공기에서 내린 통과 승객, 환승 승객, 휴대물품 및 위탁수하물에 대하여 보안검색을 하여야 한다.
③ 제2항에 따른 보안검색에 드는 비용은 공항운영자가 부담하고, 항공운송사업자는 통과 승객이나 환승 승객에 대한 운송정보를 공항운영자에게 제공하여야 한다.
④ 제3항에 따른 운송정보 제공에 대하여는 제15조 제5항을 준용한다.
⑤ 제2항에 따른 보안검색의 방법·절차·면제 및 위탁 등에 관하여는 제15조 제2항 단서, 같은 조 제3항 및 제6항부터 제8항까지의 규정을 준용한다.

(10) 상용화주

① 국토교통부장관은 검색장비, 항공보안검색요원 등 국토교통부령으로 정하는 기준을 갖춘 화주(貨主) 또는 항공화물을 포장하여 보관 및 운송하는 자를 지정하여 항공화물 및 우편물에 대하여 보안검색을 실시하게 할 수 있다.
② 국토교통부장관은 제1항에 따라 지정된 자[이하 "상용화주"(常用貨主)라 한다]가 준수하여야 할 화물보안통제절차 등에 관한 항공화물보안기준을 정하여 고시하여야 한다.
③ 항공운송사업자는 제15조 제2항에도 불구하고 제1항에 따라 상용화주가 보안검색을 한 항공화물 및 우편물에 대하여는 보안검색을 하지 아니한다. 다만, 다음 각호에서 정하는 항공화물 및 우편물에 대하여는 보안검색을 실시하여야 한다.

1. 상용화주로부터 접수하였으나 상용화주가 아닌 자가 취급한 경우
2. 접수·보안검색·운송 등 취급과정에서 상용화주 및 항공운송사업자의 통제를 벗어난 경우
3. 훼손 흔적이 있는 경우
4. 허가받지 아니한 자의 접촉이 발생하였거나 접촉이 의심되는 경우
5. 화물전용기에서 여객기로 옮겨지는 경우
6. 무작위 표본검색 등 국토교통부장관이 정하여 고시한 사항에 해당하는 경우
7. 제15조 제2항 단서에 따라 관할 국가경찰관서의 장이 필요한 조치를 요구한 경우
8. 그 밖에 위협정보의 입수 등 항공운송사업자가 보안검색이 필요하다고 인정할 만한 상당한 사유가 있는 경우

④ 상용화주의 지정절차 등에 관하여 필요한 사항은 국토교통부령으로 정한다.

(11) 기내식 등의 통제

① 항공운송사업자는 제21조에 따른 위해물품이 기내식(機內食)이나 기내 저장품을 이용하여 항공기 내로 유입되는 것을 방지하기 위하여 필요한 조치를 하여야 한다.

② 기내식 및 기내 저장품 유입·유출의 통제에 대한 세부 사항은 국토교통부령으로 정한다.

(12) 보안검색 실패 등에 대한 대책

① 공항운영자, 항공운송사업자 및 화물터미널운영자는 다음 각호의 사항이 발생한 경우에는 즉시 국토교통부장관에게 보고하여야 한다.
  1. 검색장비가 정상적으로 작동되지 아니한 상태로 검색을 하였거나 검색이 미흡한 사실을 알게 된 경우
  2. 허가받지 아니한 사람 또는 물품이 보호구역 또는 항공기 안으로 들어간 경우
  3. 그 밖에 항공보안에 우려가 있는 것으로서 국토교통부령으로 정하는 사항

② 국토교통부장관은 제1항에 따른 보고를 받은 경우에는 다음 각호의 구분에 따라 항공보안을 위한 필요한 조치를 하여야 한다.
  1. 항공기가 출발하기 전에 보고를 받은 경우: 해당 항공기에 대한 보안검색 등의 보안조치
  2. 항공기가 출발한 후 보고를 받은 경우: 해당 항공기가 도착하는 국가의 관련 기관에 대한 통보

③ 국토교통부장관은 다른 국가로부터 제1항 각호의 어느 하나에 해당하는 사항을 통보받은 경우에는 해당 항공기를 격리계류장으로 유도하여 보안검색 등 보안조치를 하여야 한다.

(13) 비행 서류의 보안관리 절차 등

① 항공운송사업자는 탑승권, 수하물 꼬리표 등 비행 서류에 대한 보안관리 내책을 수립·시행하여야 한다.
② 제1항에 따른 비행 서류의 보안관리를 위한 세부 사항은 국토교통부령으로 정한다.

(14) 위해물품 휴대 금지 및 검색시스템 구축·운영

① 누구든지 항공기에 무기[탄저균(炭疽菌), 천연두균 등의 생화학무기를 포함한다], 도검류(刀劍類), 폭발물, 독극물 또는 연소성이 높은 물건 등 국토교통부장관이 정하여 고시하는 위해물품을 가지고 들어가서는 아니 된다.

② 국토교통부장관은 제1항에 따른 위해물품의 세부종류, 공개방법 등과 관련한 사항을 정하고 정기적으로 적정성을 검토하여야 한다.

③ 제1항에도 불구하고 경호업무, 범죄인 호송업무 등 대통령령으로 정하는 특정한 직무를 수행하기 위하여 대통령령으로 정하는 무기의 경우에는 국토교통부장관의 허가를 받아 항공기에 가지고 들어갈 수 있다.

④ 제3항에 따라 항공기에 무기를 가지고 들어가려는 사람은 탑승 전에 이를 해당 항공기의 기장에게 보관하게 하고 목적지에 도착한 후 반환받아야 한다. 다만, 제14조 제2항에 따라 항공기 내에 탑승한 항공기내보안요원은 그러하지 아니하다.

⑤ 항공기 내에 제3항에 따른 무기를 반입하고 입국하려는 항공보안에 관한 업무를 수행하는 외국인 또는 외국 국적 항공운송사업자는 항공기 출발 전에 국토교통부장관으로부터 미리 허가를 받아야 한다.

⑥ 제3항 및 제5항에 따른 항공기 내 무기 반입 허가절차 등에 관하여 필요한 사항은 국토교통부령으로 정한다.

⑦ 국토교통부장관은 제1항 및 제2항에 따른 위해물품을 쉽게 확인하기 위하여 위해물품 검색시스템을 구축·운영할 수 있다.

(15) 기장 등의 권한

① 기장이나 기장으로부터 권한을 위임받은 승무원(이하 "기장 등"이라 한다) 또는 승객의 항공기 탑승 관련 업무를 지원하는 항공운송사업자 소속 직원 중 기장의 지원요청을 받은 사람은 다음 각호의 어느 하나에 해당하는 행위를 하려는 사람에 대하여 그 행위를 저지하기 위한 필요한 조치를 할 수 있다.

   1. 항공기의 보안을 해치는 행위
   2. 인명이나 재산에 위해를 주는 행위
   3. 항공기 내의 질서를 어지럽히거나 규율을 위반하는 행위

② 항공기 내에 있는 사람은 제1항에 따른 조치에 관하여 기장 등의 요청이 있으면 협조하여야 한다.

③ 기장 등은 제1항 각호의 행위를 한 사람을 체포한 경우에 항공기가 착륙하였을 때에는 체포된 사람이 그 상태로 계속 탑승하는 것에 동의하거나 체포된 사람을 항공기에서 내리게 할 수 없는 사유가 있는 경우를 제외하고는 체포한 상태로 이륙하여서는 아니 된다.

④ 기장으로부터 권한을 위임받은 승무원 또는 승객의 항공기 탑승 관련 업무를 지원하는 항공운송사업자 소속 직원 중 기장의 지원요청을 받은 사람이 제1항에 따른 조치를 할 때에는 기장의 지휘를 받아야 한다.

(16) 승객의 협조의무

① 항공기 내에 있는 승객은 항공기와 승객의 안전한 운항과 여행을 위하여 다음 각호의 어느 하나에 해당하는 행위를 하여서는 아니

된다.

1. 폭언, 고성방가 등 소란행위
2. 흡연
3. 술을 마시거나 약물을 복용하고 다른 사람에게 위해를 주는 행위
4. 다른 사람에게 성적(性的) 수치심을 일으키는 행위
5. 「항공안전법」 제73조를 위반하여 전자기기를 사용하는 행위
6. 기장의 승낙 없이 조종실 출입을 기도하는 행위
7. 기장 등의 업무를 위계 또는 위력으로써 방해하는 행위

② 승객은 항공기 내에서 다른 사람을 폭행하거나 항공기의 보안이나 운항을 저해하는 폭행·협박·위계행위(危計行爲) 또는 출입문·탈출구·기기의 조작을 하여서는 아니 된다.

③ 승객은 항공기가 착륙한 후 항공기에서 내리지 아니하고 항공기를 점거하거나 항공기 내에서 농성하여서는 아니 된다.

④ 항공기 내의 승객은 항공기의 보안이나 운항을 저해하는 행위를 금지하는 기장 등의 정당한 직무상 지시에 따라야 한다.

⑤ 항공운송사업자는 금연 등 항공기와 승객의 안전한 운항과 여행을 위한 규제로 인하여 승객이 받는 불편을 줄일 수 있는 방안을 마련하여야 한다.

⑥ 기장 등은 승객이 항공기 내에서 제1항 제1호부터 제5호까지의 어느 하나에 해당하는 행위를 하거나 할 우려가 있는 경우 이를 중지하게 하거나 하지 말 것을 경고하여 사전에 방지하도록 노력하여야 한다.

⑦ 항공운송사업자는 다음 각호의 어느 하나에 해당하는 사람에 대하여 탑승을 거절할 수 있다.

1. 제15조 또는 제17조에 따른 보안검색을 거부하는 사람

1의2. 제15조의2 제2항을 위반하여 본인 일치 여부 확인을 거부하는 사람
2. 음주로 인하여 소란행위를 하거나 할 우려가 있는 사람
3. 항공보안에 관한 업무를 담당하는 국내외 국가기관 또는 국제기구 등으로부터 항공기 안전운항을 해칠 우려가 있어 탑승을 거절할 것을 요청받거나 통보받은 사람
4. 그 밖에 항공기 안전운항을 해칠 우려가 있어 국토교통부령으로 정하는 사람

⑧ 누구든지 공항에서 보안검색 업무를 수행 중인 항공보안검색요원 또는 보호구역에의 출입을 통제하는 사람에 대하여 업무를 방해하는 행위 또는 폭행 등 신체에 위해를 주는 행위를 하여서는 아니 된다.

⑨ 항공운송사업자는 항공기가 이륙하기 전에 승객에게 국토교통부장관이 정하는 바에 따라 승객의 협조의무를 영상물 상영 또는 방송 등을 통하여 안내하여야 한다.

(17) 수감 중인 사람 등의 호송

① 사법경찰관리 또는 법 집행 권한이 있는 공무원은 항공기를 이용하여 피의자, 피고인, 수형자(受刑者), 그 밖에 기내 보안에 위해를 일으킬 우려가 있는 사람(이하 이 조에서 "호송대상자"라 한다)을 호송할 경우에는 미리 해당 항공운송사업자에게 통보하여야 한다.

② 제1항에 따른 통보사항에는 호송대상자의 인적사항, 호송 이유, 호송방법 및 호송 안전조치 등에 관한 사항이 포함되어야 한다.

③ 제1항에 따라 통보를 받은 항공운송사업자는 호송대상자가 항공

기, 승무원 및 승객의 안전에 위협이 된다고 판단되는 경우에는 사법경찰관리 등 호송 공무원에게 적절한 안전조치를 요구할 수 있다.
④ 호송대상자의 호송방법, 호송조건 등에 관하여 필요한 사항은 국토교통부령으로 정한다.

(18) 범인의 인도·인수

① 기장 등은 항공기 내에서 이 법에 따른 죄를 범한 범인을 직접 또는 해당 관계 기관 공무원을 통하여 해당 공항을 관할하는 국가경찰관서에 통보한 후 인도하여야 한다.
② 기장 등이 다른 항공기 내에서 죄를 범한 범인을 인수한 경우에 그 항공기 내에서 구금을 계속할 수 없을 때에는 직접 또는 해당 관계 기관 공무원을 통하여 해당 공항을 관할하는 국가경찰관서에 지체 없이 인도하여야 한다.
③ 제1항 및 제2항에 따라 범인을 인도받은 국가경찰관서의 장은 범인에 대한 처리 결과를 지체 없이 해당 항공운송사업자에게 통보하여야 한다.

(19) 예비조사

① 국가경찰관서의 장은 제25조 제1항 및 제2항에 따라 범인을 인도받은 경우에는 범행에 대한 범인의 조사, 증거물의 제출요구 또는 증인에 대한 진술확보 등 예비조사를 할 수 있다.
② 국가경찰관서의 장은 제1항에 따른 예비조사를 하는 경우에 해당 항공기의 운항을 부당하게 지연시켜서는 아니 된다.

4. 항공보안 위협 대응

(1) 항공보안을 위협하는 정보의 제공

① 국토교통부장관은 항공보안을 해치는 정보를 알게 되었을 때에는 관련 행정기관, 국제민간항공기구, 해당 항공기 등록국가의 관련 기관 및 항공기 소유자 등에 그 정보를 제공하여야 한다.
② 제1항에 따른 정보 제공의 절차 및 협력사항 등에 관한 세부 사항은 국토교통부령으로 정한다.

(2) 국가항공보안 우발계획 등의 수립

① 국토교통부장관은 민간항공에 대한 불법방해행위에 신속하게 대응하기 위하여 국가항공보안 우발계획을 수립·시행하여야 한다.
② 공항운영자 등은 제1항의 국가항공보안 우발계획에 따라 자체 우발계획을 수립·시행하여야 한다.
③ 공항운영자 등은 제2항에 따라 자체 우발계획을 수립 또는 변경하는 경우에는 국토교통부장관의 승인을 받아야 한다. 다만, 국토교통부령으로 정하는 경미한 사항을 변경하는 경우에는 그러하지 아니하다.
④ 제1항부터 제3항까지의 규정에 따른 국가항공보안 우발계획 및 자체 우발계획의 구체적인 내용, 수립기준 및 승인절차 등에 관하여 필요한 사항은 국토교통부령으로 정한다.

(3) 보안조치

국토교통부장관은 민간항공에 대한 위협에 신속한 대응이 필요한 경우에는 공항운영자 등에 대하여 필요한 조치를 할 수 있다.

(4) 항공보안 감독

① 국토교통부장관은 소속 공무원을 항공보안 감독관으로 지정하여 항공보안에 관한 점검업무를 수행하게 하여야 한다.

② 국토교통부장관은 대통령령으로 정하는 바에 따라 관계 행정기관과 합동으로 공항 및 항공기의 보안실태에 대하여 현장점검을 할 수 있다.

③ 국토교통부장관은 제1항 및 제2항에 따른 점검업무의 수행에 필요하다고 인정하는 경우에는 공항운영자 등에게 필요한 서류 및 자료를 제출하게 할 수 있다.

④ 국토교통부장관은 제1항 및 제2항에 따른 점검 결과 그 개선이나 보완이 필요하다고 인정하는 경우에는 공항운영자 등에게 시정조치 또는 그 밖의 보안대책 수립을 명할 수 있다.

⑤ 제1항 또는 제2항에 따라 점검을 하는 경우에는 점검 7일 전까지 점검일시, 점검이유 및 점검내용 등에 대한 점검계획을 점검 대상자에게 통지하여야 한다. 다만, 긴급한 경우 또는 사전에 통지하면 증거인멸 등으로 점검 목적을 달성할 수 없다고 인정하는 경우에는 그러하지 아니하다.

⑥ 항공보안 감독관은 항공보안에 관한 점검업무 수행을 위하여 필요한 경우에는 항공기 및 공항시설에 출입하여 검사할 수 있다.

⑦ 제1항, 제2항 및 제6항에 따라 점검을 하는 공무원은 그 권한을 표시하는 증표를 지니고 이를 관계인에게 보여 주어야 한다.

⑧ 제1항에 따른 항공보안 감독관의 지정·운영 및 점검업무 등에 대한 세부 사항은 국토교통부령으로 정한다.

(5) 항공보안 자율신고

① 민간항공의 보안을 해치거나 해칠 우려가 있는 사실로서 국토교통부령으로 정하는 사실을 안 사람은 국토교통부장관에게 그 사실을 신고(이하 이 조에서 "항공보안 자율신고"라 한다)할 수 있다.
② 국토교통부장관은 항공보안 자율신고를 한 사람의 의사에 반하여 신고자의 신분을 공개하여서는 아니 되며, 그 신고 내용을 보안사고 예방 및 항공보안 확보 목적 외의 다른 목적으로 사용하여서는 아니 된다.
③ 공항운영자 등은 소속 임직원이 항공보안 자율신고를 한 경우에는 그 신고를 이유로 해고, 전보, 징계, 그 밖에 신분이나 처우와 관련하여 불이익한 조치를 하여서는 아니 된다.
④ 국토교통부장관은 제1항 및 제2항에 따른 항공보안 자율신고의 접수·분석·전파에 관한 업무를 대통령령으로 정하는 바에 따라 「한국교통안전공단법」에 따른 한국교통안전공단에 위탁할 수 있다. 이 경우 위탁받은 업무에 종사하는 한국교통안전공단의 임직원은 「형법」 제129조부터 제132조까지의 규정을 적용할 때에는 공무원으로 본다.
⑤ 항공보안 자율신고의 신고방법 및 신고처리절차 등에 관하여 필요한 사항은 국토교통부령으로 정한다.

Ⅲ. 전략물자통제

1. 수출통제 제도의 의의

우리나라의 전략물자 수출통제 업무는 1987년 「한미 간 전략물자 및 기술보호에 관한 협정」 체결을 그 시발점으로 볼 수 있음

1989년 대외무역법 시행령 내에 「전략물자수출허가제도」를 포함하여 법적 근거를 갖추었으며, 1992년부터 정식으로 「전략물자수출허가제도」를 도입하였음

전략물자(Strategic Items)

대량살상무기(Weapons og Mass Destruction), 재래식무기 및 그 운반수단인 미사일의 개발, 제조 등에 이용될 수 있는 물품, 소프트웨어, 기술

전략물자수출통제제도

전략물자가 우려 국가 또는 테러 조직에 이전되어 국제평화와 안전을 위협하는 용도로 전용되는 것을 방지하기 위해 수출허가 등을 통해 전략물자의 무역거래를 제한하는 제도

이후 2003년 1월에는 전략물자통제 종합계획을 수립하고 대량살상무기(WMD)의 개발 등에 사용될 우려가 있는 수출통제품목 이외의 물품과 기술의 경우 수출을 제한하는 Catch-all(상황허가)제도를 도입함으로써 국내 수출물자의 최종 용도 통제체제를 강화하였다.

전략물자통제 종합계획은 1986년 대외무역법 제정 이래 2003년 9월 29일에 이르러서야 공식 법령으로 채택되었다.

이에 2004년 2월, 산업통상자원부는 전략물자관리과를 신설하였으며, 2004년 8월에는 전략물자무역정보센터를 설립하여 전략물자 수출통제업무를 전담 지원토록 하였다. 전략물자무역정보센터를 설립하여 전략물자 수출통제 업무를 전담 지원토록 하였는데 2005년 산업통상자원부와 공동으로 전략물자관리시스템인 YessTrade를 구축하였다.

YessTrade는 온라인상에서 전략물자의 판정, 허가 등 신청처리 및 수출통제 관련 국제동향, 국내 법령 등의 관련 정보를 제공함으로써 기업들이 자율적으로 전략물자 수출통제를 이행할 수 있도록 지원하는 시스템이다. 전략물자무역정보센터는 2007년 6월에 전략물자관리원으로 독립하여 이중용도 전략물자에 대한 사전판정 업무를 수행할 뿐만 아니라 '전략물자 수출입 고시' 업무를 지원하고 있다.

2. 전략물자 수출통제 법령

우리나라는 대외무역법상 국제평화, 안전유지 및 국가안보를 위하여 수출허가제한이 필요한 품목으로 전략물자를 정의하고 있다. 즉, 전략물자는 대량살상무기, 재래식 무기와 이들의 운반수단인 미사일 및 이들의 제조, 개발, 사용 또는 보관 등의 용도로 전용될 수 있는 군용 및 산업용 물품과 기술 등이다.

우리나라 수출통제 관련 법령은 대외무역법, 방위사업법, 원자력법 및 그 시행령, "화학, 생물무기의 금지 및 특정 화학물질, 생물작용제 등의 제조, 수출입규제 등에 관한 법률"이 있으며, 대외무역법을 근거로 전략물자수출입 고시를 통해 수출통제 관련 구체적인 규정, 수출통제 품목, 전략물자 수출지역, 표준자율수출관리규정 및 포괄 수출허가 대상품목 및 대상지역과 전략물자 수출통제 지침 등을 규정하고 있다.

또한, 우리나라는 현재 바세나르 체제(WA)와 핵공급국그룹(NSG), 미사일기술수출통제체제(MTCR), 호주그룹(AG) 등 4대 국제수출통제체제와 핵확산금지조약(NPT), 화학무기금지협약(CWC), 생물무기금지협약(BWC) 등 비확산조약에 의한 수출통제체제에 가입하여 회원국으로서의 의무를 수행하고 있다.

[표1] 우리나라 국제 수출통제체제 가입 현황

구분		설립	회원국	가입	통제대상
국제 기구	바세나르 체제(WA)	1996	41개국	1996	재래식무기 및 이중용도 품목
	핵(원자력)공급국그룹 (NSG)	1978	48개국	1995	원자력 전용물자 및 이중용도품목
	미사일기술수출통제체제(MTCR)	1987	35개국	2001	미사일관련물품
	호주그룹(AG)	1985	41개국	1996	생화학무기원료 및 제조장치
국제체제에서 논의된 통제목록 중 이중용도는 전략물자 수출입 고시에 군용전략물자 품목은 고시하고 있다.					

바세나르 체제(Wassenaar Arrangement)

1996년 출범한 다자간 전략물자 수출통제체제로, 무기와 전략물자 및 기술 수출을 통제하는 국제조직을 가리킨다.

재래식 무기와 전략물자 및 기술 수출을 통제하기 위해 조직된 국제조직을 말한다. 1949년부터 공산권에 대한 전략물자 수출통제를 맡아 온 서방 선진국의 '코콤(COCOM, 대공산권 수출통제 체제)'이 공산권 체제가 와해되면서 폐지되자, 이후 새로 구성된 다자간 전략물자 수출통제체제이다. 정식 명칭은 '재래식 무기 및 이중용도 품목 및 기술의 수출통제에 관한 바세나르 체제(The Wassenaar Arrangement on Export Controls for Conventional Arms and Dual-Use Goods and Technologies)'이다.

바세나르 체제는 기존의 대량파괴무기 확산금지체제를 보완하는 체제로, 1994년 COCOM이 폐지되자 1996년 7월 네덜란드 바세나르에 본부를 설치하고 결성되었다. 이는 재래식 무기와 전략물자 및 기술(conventional arms and dual-use goods and technologies)의 국가 간 거래에 대한 정보를 상호 교환하여 거래의 투명성을 높이고, 수출에 대한 책임을 부과하여 궁극적으로 세계 평화와 안전을 위협하는 위험요소를 방지하며 기존의 대량파괴무기 확산금지체제를 보강하는 차원에서 만들어진 것이다.

대상 국가는 '국제평화와 지역 안전을 저해할 우려가 있는 모든 국가'를 대상으로 하지만, 국제조약이 아니므로 이를 집행하는 감독기구는 없다. 무기류는 UN 재래식무기 등록제도상의 7대 무기류에 대한 이전 실적을 연 2회 전 회원국에 통보하도록 되어 있으며, 이중용도물자는 일반·민감·초민감 품목으로 구분해 수출통제 실적을 연 2회 또는 개별 거래 시 전 회원국에 통보하도록 되어 있다.

원자력공급국그룹[Nuclear Suppliers Group(약어 NSG)]
유럽 〉 오스트리아
- 원자력의 평화적 이용을 빙자한 핵 확산 가능성을 차단하기 위한 다자간 원자력 수출 통제 체제로, 원자력 전용품목 및 이중용도품목 통제지침 이행과 정보교환 등이 주 활동
  - 원자력 전용품목의 수출을 규율하는 지침(소위 '런던 가이드라인')은 1977년, 이중용도 품목의 수출을 규율하는 지침은 1992년에 각각 채택
- 회원국은 주요 핵 공급국 48개국(EU는 옵서버로 참여)
- 총회: 협의그룹 및 정보교환 회의 결과 청취
  - 1년 임기 의장국은 총회 개최지를 기준으로 매년 순환
- 협의그룹(CG: Consultative Group) 회의
  - NSG 지침 및 부록 관련 기술적 사항 논의, 각국의 거부통보 및 이행상황 점검 등
- 정보교환 회의(IEM: Information Exchange Meeting)
  - 주로 새로운 핵확산 추세 및 의심 국가에 대한 정보교환
- 사무국: 주비엔나 일본 대표부가 사무국(Point of Contact) 역할
- 우리나라는 1995년 가입
- 2003-2004년(부산 총회 개최), 2016-2017년(서울 총회 개최) 의장직 수임

미사일기술통제체제[Missile Technology Control Regime(약어 MTCR)]
미사일 확산 방지를 위해 1987년 4월 16일 미국을 포함한 서방 7개국에 의해 설립된 다자간 협의체를 말한다. 사정거리 300km 이상·탄두

중량 500㎏ 이상의 미사일 완제품과 그 부품 및 기술 등에 대한 외국 수출을 통제하고 있으며, 대량파괴무기의 발사시스템인 경우에는 사정거리와 탄두 무게에 관계없이 통제대상에 두고 있다.

미사일기술통제체제는 미사일 확산 방지를 위해 1987년 4월 16일 미국을 포함한 서방 7개국에 의해 설립된 다자간 협의체를 말한다. 이는 1980년대 들어 러시아제 스커드미사일이 북한 등 제3세계로 확산함에 따른 것으로, 설립 목적은 500㎏ 이상 탄두를 300㎞ 이상 발사해 보낼 수 있는 미사일 및 무인비행체, 이와 관계된 기술의 확산 방지와 대량파괴무기(핵, 화학, 생물학무기)를 발사할 수 있는 장치의 수출을 억제시키려는 것이었다.

본래는 핵탄두를 운반할 수 있는 미사일 확산을 저지하는 것을 목표로 하였으나, 1993년 1월 가이드라인을 확대하여 핵뿐만 아니라 화학·생물학 무기도 대상에 포함시켰다.

MTCR은 미사일 수출통제 지침(Guidelines)과 통제대상이 되는 항목을 리스트화한 부속서(Annex)를 만들어 놓고 있다. 부속서는 category I과 category II로 구분되어 있는데, 카테고리 I에는 MTCR이 정한 사정거리와 탄두 무게를 초과하는 모든 미사일 완성품과 무인비행체가 포함되며 카테고리 II에는 카테고리 I에 포함된 장비와 관련된 원료나 부분품, 기술 등이 포함된다. 그리고 회원국들이 자발적으로 지침을 준수하고 부속서에 명시된 항목의 수출을 억제하도록 규제한다. 즉, MTCR은 법적 구속력이 있는 합의체가 아니고 감시·제재하는 기관이 따로 존재하지 않아, 각국이 국내법을 통해 가이드라인을 준수하고 규제한다. 따라서 공식적인 사무국은 없으며, 프랑스 외무성 내의 소규모 부서에서 회의 일정과 의제 수립, 서류 전달 등의 조정 업무를 담당하고 있을 뿐이다. 그러나 회원국이 되면 국제적인 우주산업 개발에의 동참과 기술협력에 유리해지고, 회원국이 규정을 위반할 경우에는 평화 목적이라 할지라도 선진국의 우주산업 기술협력을 받지 못한다.

한편, 우리나라는 미국의 반대로 MTCR에 가입하지 못하고 있다가 2000년 미국과의 미사일 합의에 의해 2001년 33번째 정식회원국으로 가입하였다. 이에 따라 한국은 대량살상무기(WMD) 감축, 비(非)확산 협약 및 다자(多者)수출통제체제에 모두 가입하게 되었다. 북한·인도·파키스탄·이란·이집트·시리아·리비아 등은 가입하지 않았으며, 중국·이스라엘 등은 비회원국이지만 MTCR의 가이드라인을 준수하고 있다.

호주 그룹[The Australia Group(약어 AG)]

생화학물질 수출통제에 관한 정책 및 조치들을 공동으로 협의하기 위해 구성한 단체이다.

1984년 유엔 사무총장 특별사찰단이 이란-이라크전쟁에서 화학무기가 사용된 사실을 확인한 뒤 화학무기 생산에 필요한 화학물질의 수출통제 필요성이 제기되자 호주의 제안으로, 화학물질 수출통제에 관한 정책 및 조치들을 공동으로 협의하기 위해 1985년 벨기에 브뤼셀에서 15개국이 참가한 가운데 1차 회의가 열렸다. 여기서 생물·화학무기 확산 방지를 위한 각 회원국들이 취하고 있는 조치들의 효율성을 제고할 수 있도록 정보교환 및 협의하고, 이미 취해진 조치들의 조화를 도모하며, 추가조치 채택 등을 검토하기로 결정하였다. 비공식 협의체이기 때문에 법적 구속력이 없고 감시 및 허가제도 등의 규제조치를 각 회원국이 국가별로 취하도록 되어 있어 그 효율성은 미미한 편이다. 2010년 8월 현재 호주그룹에 속한 나라는 41개국이며, 한국은 1996년 10월에 가입한 바 있다.

[표2] 전략물자 수출입 고시

범주	제품그룹	통제체제
제1부 재료, 화학물질, 미생물, 독소 제2부 소재가공 제3부 전자 제4부 컴퓨터 제5부 통신 및 정보보안 제6부 센서 및 레이저 제7부 항법 및 항공전자 제8부 해양 관련 제9부 추진장치, 우주비행체 장비 제10부 원자력전용품목	A-장비, 조립품, 부품 B-생산 및 테스트 장비 C-소재 D-소프트웨어 E-기술	000~099 바세나르 체제 100~199 미사일기술통제체제 200~299 원자력공급국그룹 300~399 호주그룹 400~499 화학무기금지협약 500~899 보류 900~999 일방적 통제 *제10부의 모든 품목은 원자력 공급국 그룹에 의해 통제

우리나라 전략물자수출통제는 통제품목에 따라 산업통상자원부, 방위사업청, 교육과학기술부, 통일부에서 수출허가를 담당한다.

[표3] 우리나라 수출통제 업무관련 정부기관 및 근거법령

	산업통상자원부	방위사업청	원자력안전위원회	통일부
통제 대상	이중용도품목과 기술데이터의 수출과 재수출 및 재이전	무기와 방산물자, 관련 기술데이터의 수출과 재수출	원자력 관련 기술데이터의 수출과 재수출, 원자력 장비와 핵물질의 재수출	대북한반출물자
근거 법령	대외무역법 및 동법 시행령, 전략물자 수출입 고시	방위사업법 및 동법 시행령, 전략물자 수출입 고시	원자력법, 전략물자 수출입 고시	남북교류협력에 관한 법률, 전략물자수출입 고시
담당 부서	무역안보과	기술심사과	방사선 안전과 원자력 통제과	남북기술 협력팀
지원 기관	전략물자관리원 *상시지원기관	국방기술품질원	한국원자력통제기술원 *상시지원기관	전략물자관리원 *판정지원기관

3. 대외무역법

1992년 12월 8일, 전략물자수출허가제도를 대외무역법에 도입한 이래 대외무역법은 우리나라 전략물자 수출통제 제도의 근간이 되고 있다.

대외무역법은 2007년 1월 개정하여 전략물자의 국내 생산단계에서 최종 사용단계까지의 관리체계를 강화하였다. 또한 전략물자의 환적과 통과, 중개 등에 대한 통제를 신설하는 등 전략물자 수출통제제도에 대한 전반적인 강화조치를 시행하였다.

동법 개정에 따라 소위 Catch-All의 일종인 상황허가제도가 대외무역법상에 규정되었으며, 수출통제 위반에 따른 벌칙이 기존 최대 5년 징역에서 최대 7년(고의적 위반 시)으로 상승되는 등 집행강화를 위한 법적 기반이 확보되었다.

이를 기점으로 하여 우리나라의 수출통제는 본격적으로 글로벌 기준에 부합하는 제도로 정비되었으며, 국제신뢰를 확보하기 위한 노력에 박차를 가하게 되었다.

[표4] 대외무역법에 따른 전략물자/전략기술 수출통제

	전략물자	전략기술
법적근거	대외무역법	없음
자가판정	법적근거 있음	없음
전문판정기관	전략물자관리원	없음
전문판정 유효기간	판정일로부터 2년	없음
수출승인(허가) 유효기간	1년 이내(포괄수출허가: 3년 이내 또는 2년 이내)	계약서상의 계약기간

수출승인(허가) 면제	국내에 있는 외국 선박 또는 항공기가 자체 목적으로 사용하는 조선기자재 또는 항공기용품을 공급하는 경우 선박 또는 항공기의 안전운항을 위하여 긴급수리용으로 사용되는 물자를 무상수출할 경우 재외공간(KOTRA 해외무역관 포함) 및 해외파견 우리나라 군대 또는 외교사절에 반출하는 공용물품 국제기관에 발송하는 화물로서 우리 정부가 체결한 조약 또는 국제적 약속에 따라 수출허가가 면제되는 품목 수입한 전략물자를 수리, 성능미달, 대체 등 부득이한 사유로 당초 수출자에게 반송하는 경우 제23조에 따라 전략물자 수출허가서를 발급받아 수출한 전략물자를 수리, 성능미달, 대체 등의 사유로 재수입하여 수리한 해당 전략물자 또는 대체한 전략물자를 수출허가서상 같은 최종사용자에게 다시 수출하는 경우 바세나르 체제 이중용도품목에 해당되는 전략물자의 수출로서 해당 품목의 수출이 액의 합계가 미화 8천불 이하인 경우 박람회, 견본회 또는 전시회 등에 출품할 목적으로 수출한 후 1년 이내에 재반입하는 조건인 경우 또는 해외 현지에서 폐기하는 조건인 경우. 다만 바세나르 체제 이중용도품목의 민감품목, 초민감품목, 미사일기술통제체제 이중용도품목의 CAT1, 제5조 제1항 제3호에 해당하는 품목, 제18조 4항 및 제5항에 해당하는 품목은 적용하지 아니한다. 암호화품목 등을 가 지역 또는 바세나르 체제 가입국에 수출하는 경우 시스템관리전용 암호화기능으로 인하여 전략물자로 분류된 암호화품목을 수출하는 경우 소프트웨어 사용 기간을 연장하거나 소프트웨어 프로그램 문제만을 해결하기 위하여 동일한 최종 수하인 또는 사용자에게 문제해결 프로그램을 수출하는 경우 다만 새로운 기능이 추가되는 경우는 제외한다.	바세나르 체제 이중용도품목을 바세나르 체제 회원국으로 수출하는 경우 바세나르 체제 이중용도품목을 바세나르 체제 회원국이외의 국가로 수출할 때 대가의 총액이 미화 1만 불 이하인 경우 제5조에서 정한 산업통상자원부장관의 허가대상품목을 동일 법인과 근로계약을 체결한 외국인 임직원의 업무수행에 필요한 범위 내에서 해당 외국인 임직원에게 이전하는 경우 외교부장관에 의해 승인된 과학기술협력협정 및 교류프로그램 혹은 우리 정부와 국세시구 간에 체결한 협력협정에 따라 수행되는 사업에 필요한 기술을 수출하는 경우로서 허가기관의 장이 기술수준 및 협력협정의 내용 등을 고려하고 미래창조과학부장관과 협의하여 면제 대상으로 인정한 경우 외국인으로부터 이전받은 기술을 당초 이전한 자에게 재이전하는 경우

포괄수출허가 제도		국제평화 및 안정유지에 저해하지 않는다고 인정될 경우 일정 기간 동안 자율판단에 따라 수출가능토록 허용	없음
자율준수제도		있음	없음
불법 수출 시 제재 사항	형벌	5년 이하의 징역 또는 거래가의 3배 이하의 벌금 부과-목적범의 경우 가중처벌(7년 이하의 징역 또는 거래가의 5배 이하의 벌금 부과)	3년 이하의 징역 또는 1천만 원 이하의 벌금 부과
	미수범	각 해당 죄에 준하여 처벌	없음
	양벌 규정	해당법인 또는 가담자에 대하여 각 해당 죄의 벌금형 부과	해당법인 또는 가담자에 대하여 1천만 원 이하의 벌금 부과
	질서벌	사후관리규정 위반 시 1천만 원 이하의 과태료 부과	사후관리규정 위반 시 100만 원 이하의 과태료 부과
	행정벌	3년 이내 전략물자 무역금지 조치	없음

4. 방위사업법

방산물자 및 국방과학기술을 국외로 수출하거나 그 거래를 중개(제3국 간의 중개를 포함한다)하는 것을 업으로 하고자 하는 자는 방위사업법 제57조에 따라 방위사업청장의 신고를 하여야 하며, 허가를 받아야 한다. 방위사업관리규정 제188조(수출허가 대상품목)에 허가대상을 명시하고 있다. 법 제57조, 영 제68조 제4항 및 대외무역법에 의하여 수출허가를 받아야 하는 품목은 정해져 있다.

[표5] 방위사업청 수출허가품목

1. 방위사업법 제34조에 의해 지정된 방산물자
2. 국방과학기술
제168조(국방과학기술의 정의 및 대상) 국방과학기술은 군사적 목적으로 활용하기 위하여 군수품을 개발, 제조, 가동, 개량, 개조, 시험, 측정 등을 하는 데 필요한 과학기술(관련 소프트웨어를 포함한다)로서 다음 각호와 같다.

> 1. 정부가 연구개발 비용을 지원한 국과연 주관 및 업체 주관 연구개발사업에 관련된 기술
> 2. 정부가 재실시권을 행사하는 데 제한이 없는 기술협력생산 또는 절충교역에 의하여 국외로부터 도입한 기술
> 3. 정부가 외국정보 및 외국업체 등 외국자본과의 국제공동연구개발 또는 국내업체와 공동투자를 통해 확보한 기술
> 4. 민간에서 투자하여 개발된 기술로서 정부가 군수품 획득을 통하여 군사적 목적으로 사용되는 기술
>
> 3. 전략물자 수출입 고시(산업통상자원부 고시)의 별표 3(군용물자품목)에 해당하는 물품 등과 별표 2(이중용도품목)에 해당하는 물품 등을 수입국 정부가 군사목적으로 사용하는 경우(이하 군용전략물자라 한다)

(1) 군용물자품목

군용전략물자는 전략물자수출입 고시 별표 3에 나오며 바세나르 체제의 통제목록을 반영하여 사용하고 있으며, 바세나르 체제 총회 의결사항을 반영하여 통제목록을 주기적으로 갱신하고 있다.

군용전략물자는 군사용으로 사용되는 것이 명확한 품목이므로 리스트 또한 군사적인 용도나 군사적 목적으로 전용 설계된 제품인지의 여부가 중요한 판단 기준이 된다.

즉, 무기제작에 사용되더라도 군사적으로 전용 설계된 물자가 아닌 일반 상용물자가 사용되는 경우에는 군용전략물자가 아닌 산업용 전략물자(이중용도 전략물자)로 분류하게 된다. 군용전략물자의 사전판정 및 수출허가는 방위사업청 기술심사과에서 담당하고 있으며, 이중용도 품목이 군사적 목적으로 사용되는 경우에도 방위사업청에서 수출허가를 받도록 하고 있다.

(2) 방산물자품목

방산물자는 무기체계로 분류된 물자 중에서 안정적인 조달원 확보 및 엄격한 품질보증 등을 위하여 필요한 물자를 방위사업청장이 지정한 물자로서 방위사업법에 그 의미를 정의하고 있으며, 통상적 의미의 방산물자와는 차별된다. 방산물자는 무기체계가 아닌 물자 중에서도 방산물자로 지정할 수 있도록 하고 있다.

[표6] 방산물자 지정대상

1. 군용으로 연구개발 중인 물자로서 연구개발이 완료된 후 무기체계로 채택될 것이 예상되는 물자
2. 군사전략상 긴요한 소량다종의 품목 또는 군전용 암호장비로서 경제성이 낮아 방산업체 등이 생산을 기피하는 물자
3. 무기체계로 분류되지 아니한 것으로서 사람의 생명에 직접 관련되어 엄격한 품질보증이 요구되는 물자
4. 무기체계로 분류된 물자의 주요부품 또는 방산물자의 주요부품으로서 연구개발이 진행 중이거나 완료된 물자
5. 생산조달의 중단이 예정되는 장비로서 그 수리부속품이 장기간 계속 필요한 물자
6. 연구개발하여 생산한 물자에 해당되지 아니하나 군사전략상 주요물자로서 정비, 재생, 개량 또는 개조 등이 필요한 물자

방산물자는 주로 완제품 또는 주요 구성품 단위로 지정되며, 군수품의 원활한 조달을 위하여 필요한 경우에 결합체 또는 부분품에 대하여도 방산물자로 지정할 수 있도록 하고 있다. 또한, 방산물자에 사용되는 수리부속품과 방산물자의 운용에 필요한 시험측정장비, 검사장비, 교정장비는 해당 방산물자에 포함되어 지정된 것으로 보고 있다.

방산물자는 지정된 방산업체에서만 생산이 가능하므로 동일한 제품

일지라도 방산업체가 아닌 업체에서 생산된 제품은 방산물자로 간주하지 않으며, 방산물자가 아닌 다른 물자에 사용되는 EO에도 방산물자로 보지 않고 있다.

주요방산물자

방산물자는 주요방산물자와 일반방산물자로 구분되며, 주요방산물자는 방위사업법 제35조에 대상 품목을 지정하고 있다.

1. 총포류
2. 유도무기
3. 항공기
4. 함정
5. 탄약
6. 전차, 장갑차 그 밖의 전투기동장비
7. 레이더, 피아식별기 그 밖의 통신, 전자장비
8. 야간투시경 그 밖의 광학, 열상장비
9. 전투공병장비
10. 화생방장비
11. 지휘 및 통제장비
12. 그 밖에 방위사업청장이 군사전략 또는 전술운용에서 중요하다고 인정하여 지정하는 물자

일반방산물자

주요방산물자 이외의 방산물자는 모두 일반방산물자로 지정된다. 일반방산물자는 주로 무기체계와 직접적인 연관이 없거나 상용제품과의

호환성이 높은 품목에 대하여 지정된다.

　과거 드론은 군사용으로 개발되었으나 최근에는 산업 및 민간용 시장으로 빠르게 확산되고 있다. 기상관리, 인명구조 및 영상촬영 등 다양한 분야로의 활용 가능성이 높아지면서 취미, 레저용으로 점차 대중화 보편화되는 등 세계 각국은 드론 산업을 선점하기 위해 치열한 경쟁 구도를 구축하고 있다. 드론을 일반방산물자로 보거나 주요방산물자로 보는 등 구체 품목 지정에 지정되어야 한다는 소리는 높지만 차세대 드론 산업이 어디까지 갈지는 알 수 없는 상황이다. 제조, 서비스 융합모델로 주목받고 있으며, 특히 IT 기술 및 다양한 서비스 등과 융합하면서 시너지를 창출하고 있는데 드론의 HW만으로는 그저 하늘을 나는 소형 비행기에 불과하지만 인터넷 통신, 농업, 환경보호 등의 서비스 및 콘텐츠와 융합하면 수많은 신규 비즈니스 모델 창출이 가능해 향후 드론이 보다 광범위한 산업에 적용되려면 자율제어 센터, 로봇, 인공지능 등 다양한 첨단 기술과의 융복합을 통해 변화하는 미래 환경변화에 대한 대비가 필수적이다.

　무인기 핵심기술은 항법, 제어 및 하드웨어 설계, 제작 기술을 기반으로 한다. 항법 시스템은 무인기의 위치, 속도 및 자세를 내장된 관성 센서 및 GPS 등을 통해 알아내며 다양한 센서 융합기술이 사용된다. 제어 시스템은 무인기의 위치, 속도 및 자세를 사용자의 요구에 따라 동작할 수 있게 하는 부분으로 비행체에 따라 다르며 항법 시스템의 피드백을 통해 작동된다.

　군용 무인기의 경우 신뢰성이 높고 정밀한 시스템을 만들기 위하여 재밍(Jamming)을 비롯한 외부 위협 등에 대해 강인한 기술개발이 필요하다. 민간 무인기의 경우 다양한 응용으로의 적용을 위한 가격, 성능 등의 특성에 대한 유연한 알고리즘 개발이 필요하다. 장애물 회피 및 충돌방지, 통신 등의 시스템 연계기술개발이 필요하다.

국방과학기술

국방과학기술은 기술이 가지는 특성으로 인해 형태가 없어 잘 식별이 되지 않을 수 있으며, 수출에 따르는 파급효과가 장비나 물자에 비해 크기 때문에 물자나 장비의 수출보다 다소 복잡한 수출절차를 가지고 있다. 국방과학기술은 방위사업관리규정 제168조에 군사적 목적으로 활용하기 위하여 군수품을 개발, 제조, 가동, 개량, 개조, 시험, 측정 등을 하는 데 필요한 과학기술로 정의하고 있다.

[표7] 주요방산물자 지정 대상품목

1. 정부가 연구개발 비용을 지원한 국과연 주관 및 업체 주관 연구개발사업에 관련된 기술
2. 정부가 재실시권을 행사하는 데 제한이 없는 기술협력생산 또는 절충교역에 의하여 국외로부터 도입한 기술
3. 정부가 외국 정부 및 외국업체 등 외국자본과의 국제공동연구개발 또는 국내 업체와의 공동투자를 통해 확보된 기술
4. 민간에서 투자하여 개발된 기술이나 정부가 군수품 획득을 통하여 군사적 목적으로 사용되는 기술

최근에는 기술도면, 설계도 등의 유형의 자료뿐만 아니라 파일전송 및 교육 등을 통한 무형의 기술이전(ITT: Intanagible Transfer of Technology)에 대한 통제도 강화되고 있는 추세이므로 기술 수출과 관련한 세밀한 확인과 검토가 필요하다. 다만 물자 수출에 따른 필수적인

자료의 수출의 경우에는 물자 수출의 종물로 간주하여 별도의 기술 수출에 따른 통제절차는 생략할 수 있도록 하고 있다. 국방과학기술은 방위사업법에 의한 수출통제 절차를 거치며, 방위사업청에서 수출허가(기술심사과)에서 관련 업무를 수행하고 있다. 전략물자 수출통제 관련 허가품목을 도식화하면 다음과 같다.

[표8] 수출통제 전략물자의 분류

이중용도품목	군용물자품목
1. 전략물자 수출입 고시 Category 1~9 2. 원자력 전용물자 전략물자 수출입 고시	전략물자 수출입 고시 ML1~22 1. 일반방산물자: 헬멧, 베어링, 탄약인양기, KT-1, 유압장치, 정수장치, 고무보트 등 2. 주요방산물자: 호위함, KT-1, K-9 자주포 해성, 홍상어 K2 소총 등

수출허가절차

수출하고자 하는 품목이 방산물자 및 국방과학기술에 해당하는 경우에는 방위사업법에 의해 다소 복잡한 수출절차를 따르고 있다.

먼저 수출하고자 하는 업체는 방위사업청에 수출, 중개업 신고를 하여 보안측정 등의 등록절차를 거친 후 국제입찰에 참가하거나 허가 전 수출상담이 필요한 경우 방위사업청으로부터 국제입찰참가승인 혹은 수출예비승인을 받아야 하며, 최종적으로 수출허가를 받아야 비로소 수출이 가능하다.

규칙 제57조에 따라 주요방산물자 또는 국방과학기술의 수출허가를 받기 전에 국제입찰에 참가하고자 하는 자에 대한 승인업무는 방위사업청 국방기술보호국에서 수행하며 국제입찰참가승인서의 검토요소는 다음과 같다.

[표9] 국제입찰참가승인 검토요소

검토사항	내용
국제평화 및 안전저해 여부	가. UN 결의 또는 기타 국제조약(협약, 협정)에 의한 무기 금수대상국 여부 나. 국제테러지원, 마약공급 등 국제평화 및 안전 위협대상 여부 다. 대량파괴무기의 개발 및 확산 우려 국가 여부
대한민국의 국가안보 저해 여부	가. 북한으로 유출이 우려되는 국가로의 수출 나. 보안을 요하는 군사기술의 유출 여부 다. 수출로 인해 재외공관, 교민에 대한 반정부단체 등의 공격 가능성
수출주의국 해당 여부	가. 분쟁 국가 중 일방에 대한 수출로 인한 외교적 마찰 가능성 나. 특정 국가로부터 수출 대상 국가에 대한 수출 자제 요청이 있을 경우 그 타당성 다. 수출 대상 국가 또는 기업이 대한민국 정부 또는 다자간 수출통제체제 회원국으로부터 전략물자 거래 부적격자로 공고 또는 통보된 경우
정부 간에 체결된 합의서협정 준수	가. 대외무역법에 따른 전략물자 수출입 고시 별표 제12호 및 제16호에 의한 다자간 수출통제체제에서 합의된 기본문서 준수 나. 다자간 수출통제체제 회원국의 수출 거부 국가 또는 품목 해당 여부 다. 외국과의 체결된 방산수출 관련 양해각서(MOU)규정 위배 여부

마치면서

　모든 국가가 우위가 비슷비슷하다면 기술력으로 인한 고민은 하지 않아도 되겠지만 핵, 미사일, 테러, 사이버공격, 감염병 등 안보위협에 대해 대응할 수 있는 국가와 그렇지 않은 국가는 협상력에 있어서 달라진다. 결국 주인공은 인정하고 싶지 않지만 미국이다. 미국이 중국, 러시아의 영향력 확대를 견제하고는 있지만 그중에서도 가장 두려운 잠룡은 중국으로 중국은 일대일 구상으로 항상 승부하며, 인도와 티베트와 관련한 유혈 분쟁이 났을 때조차 사망자 규모조차 숨겨서 규모를 알 수 없게 한다(인도는 병사 20명이 사망했다). 유럽연합은 난민할당제 이후 대혼란이 아직도 반유럽연합, 반이슬람, 반난민 정서 확산에 따라 극우 정당의 약진이 두드러지며 IT와 우주(방위)기술에 앞서가는 미국을 견제하며 AI법을 만드는 등 미국기업을 조준하는 규제를 만들어 가고 있다. 이미 유럽연합은 (덴마크, 영국, 몰타 제외) 25개 국가가 2017년 12월 군사협력을 약속하는 항구적 안보, 국방협력체계 구축에 서명했고 17개 협력사업을 만들어 함께 움직이기로 하였으므로 그들은 운명공동체라고 할 수 있을 것이다. 시리아에서는 이스라엘의 공격으로 다마스쿠스공항이 아예 파괴되었으며 여전히 시리아의 아사드 정권은 무자비한 폭압으로 국민들을 힘들게 하고 반군 세력과 끊임없는 갈등이 계속되고 있다. 이스라엘은 팔레스타인 무장 정파 하마스와의 전쟁으로 긴장을 고조시키고 있을 뿐 아니라 전 미국 대통령인 트럼프는 이 가운데 시리아 아사드 정권을 두둔한 바 있어 수니파 근본주의자들의 증오를 샀고 여전히 예멘 내전도 종식되지 않은 상태이다. 이러한 끝없는 중동지역의 전쟁은 2018년 5월 이란 핵 합의탈퇴 선언과 대이란 제재 복원, 미국 대사관 예루살렘 이전의 팔레스타인의 강력한 반발 등 미국과의 적대감으로 이루어지는 것으로 석유와 단일종교, 발전하는 과학기술로 미국에 대항하는 확고한 그들만의 타협 없는 체계가 진정 무섭다. 아프리카 역시 종족갈등, 권력투쟁, 폭력적 극단주의 세력(나이지리아, 소말리아, 말리 등에서의 보코하람, 알샤바브)에 의한 테러 등 만성적인 민주화로 넘어가지 못하고 있는 초위기 상황이 계속되고 있다. 이 가운데 ISIS는 북아프리카, 서남아시아, 동남아시아, 유럽 등으로 활동 영역을 확장하고 있고 북한 역시 체제를 포기하지 않고 공고히 하기 위해 ISIS와 동일 체제와 같은(국가로 북한은 인정받고 있음에도 불구) 사이버 공격과 범죄의 늪에서 빠져나오지 못하고 있다. 워너크라이 랜섬웨어 공격, 낫페트야 랜섬웨어 공격, 터키 가상화폐거래소 공격 등 사이버 공격으로 평화를 흔들려는 움직임을 지속하고 있다. 2013년 에볼라 바이러스, 2015년 메르스, 2020년 지카바이러스, 코로나바이러스 등 환경균형이 깨어진 바이러스의 증식 위협이 계속되고 있고 그 밖에는 환경균형이 깨어진 대가를 치르는 수많은 자연재해, 재난으로 고통받는 사람들이 존재하고 있다.

결국 힘을 통한 평화를 앞세우는 미국의 국가안보전략과 국방전략에서 중국과 러시아를 수정주의 세력으로 명명하고 있다. 인도 태평양 전략 추진을 통해 일본, 호주, 인도 간 4자 협력을 중심으로 하고 있으며 중국은 중국대로 2017년 10월 제19차 당대회에서 시진핑 집권 2기로서 2020년~2035년 사회주의의 현대화를 실현하기 위해 세계 일류 강군 육성을 목표로 내세웠을 뿐 아니라 일본은 평화헌법에 기초한 전수방위 원칙을 유지한다고 발표는 하나 실질적으로는 2018년 통합기동방위력이라는 표현 대신에 다차원 횡단방위 개념으로 해군과 공군을 통해 우리에게 위력으로 자신들의 기술력을 자랑하고 있다. 러시아 역시 중국과 긴밀하게 공조하고 있고 이번 우크라이나 전쟁에서 봤듯이 영향력 증빙을 위해 전쟁을 언제든지 할 수 있음을 보여 주었다.

미국은 한국, 일본, 호주 외 아태지역 안보질서에서도 중국, 러시아 견제를 위해 필리핀, 인도, 싱가포르, 베트남과도 군사협력을 하고 있고 2015년 4월부터는 미일 방위협력지침 등에서의 입장에서도 보듯이 일본 자위대를 언제든지 확대할 수 있도록 할 수 있는 힘을 보여 주고 그 대가로 미군의 접근권과 사용권을 확보한 바 있다.

2016년 5월 오바마 대통령은 베트남 전쟁에 대한 잔재를 청산하면서 베트남 방문 기간에 베트남 무기수출 금지 조치를 완전히 해제한 바 있었으나 트럼프 이후 다시 힘을 강조하는 미국은 합동전투 개념을 지속적으로 확대하여 한미, 일미, 미일인도 등 3자, 다자 관계 결합안보를 통하여 상대국가의 기술력을 모두 파악하고 있다. 이로써 미국은 F-22, F-35 등 스텔스 전투기, P-8 포세이돈 해상초계기, 버지니아급 핵잠수함, 해저 무인잠수정, 전략폭격기 등을 아태지역에 배치해 둔 상황이고 일본 역시 해군과 공군에 집중, 차세대 전투기, 공중급유기, 수송기와 장거리 스텔스기, F-22의 지상공격 및 전자전 능력 보강 기술 특허에 온 힘을 다하고 있고 B2, B52 대체할 장거리 타격 폭격기를 개발 중이다.

제도에서도 이런 점이 두드러지는데 미국은 전방위의 강력한 법 제정 등을 통해 사이버 전쟁 등을 인지할 수 있는 모든 준비로서 2014년에 사이버 보안강화법을 이미 승인하였고 트럼프를 거치면서 강한 미국의 기조는 보다 공고화되었다. 바이든은 방위공약을 모두 지키겠다고 한 바 있고 김정은이 핵을 사용하는 순간 정권 말살을 경고하는 등 긴장 기조를 지키고 있다. 이러한 가운데 미국 국제전략문제연구소가 지속적으로 발표하는 위협들은 정치, 경제, 문화, 사회 전반에 걸쳐져 있으며 우리나라 국방부는 이에 대응하기 위하여 '2023년도 방위산업기술보호 시행계획'에서 2022년 수립한 '2022~2026 방위산업기술보호 종합계획'의 구체계획들로 다음을 결정하였다.

4대 추진 방향은 방위산업기술 보호 기반 강화, 기술보호 대내외 협력 활성화, 기술보호 인식 제고 및 인력 관리 강화, 자율적 보호체계 구축 유도 및 지원 확대다.

방위산업기술 보호 기반 강화를 위해 이번에 새롭게 반영된 신규 과제는 ① 방위산업기술보호센터 기능 확대 ② 연구개발 기술보호 강화 ③ 방위산업기술보호 업무 포털 구축 등이다.

또한 최근 증가하고 있는 우리 첨단 무기체계의 국외 수출에 따라 필요한 기술보호 지원을 강화하는 내용도 포함했다.

① (방산수출 기술보호 교육 신설) 수출기업 대상으로 방산수출 간 기술보호 대책에 특화된 교육 과정을 마련한다. 주요 내용은 기술수출 허가제도의 개념, 기술이전 시 기술 유출방지 방안, 기술 수출 시 기술보호대책 수립, 기술의 식별·관리 방안 등이다.
② (국외 기술 유출에 대비한 국제 공조 강화) 방산수출 대상국과 기술보호 MOU 체결 등 협력체계 구축을 통한 양자 간 방산기술 보호 및 수출 통제 공조를 강화한다.

③ (기술보호기법 적용 유도 및 지원) 수출 무기체계의 역공학에 의한 기술 유출을 예방하기 위한 기술보호기법(Anti-Tampering) 적용 및 전담조직을 신설한다.

수출 무기체계에 대한 기술보호 기법 적용·검토를 전문적으로 수행할 수 있도록 국방과학연구소 내 전담조직을 단계적으로 신설하고, Anti-Tampering 기술은 개발 단계부터 폐기 시까지 방위산업기술로 지정해 보호 및 관리한다.

현재 이러한 국내 방위기술보호 방식에 대해 산업계와 학계에서는 상당한 비판이 따르고 있다. 면책 중심의 국가행동강령은 사회주의를 닮았을 뿐만 아니라 기술 보호를 위한 보안산업의 자율성 경쟁력에도 방해가 된다는 지적이다. 나는 이를 긍정한다. 보안방식을 정형화하여 국제표준에서 승기를 들겠다는 국가의 계산은 이해하지만 어디까지나 진짜 기술이 빠져나가지 않도록 하려면 더 많은 근로계약의 보안서약 인센티브와 균형을 이룰 수 있는 다양한 보안산업의 지원에 있음을 믿기 때문이다. 기업유지에 있어 A에서 Z까지 국가가 "감 놔라, 배 놔라." 하는 모습도 좋지 못하다. 다양한 안보위협 속에서 기술전쟁은 국가와 하는 것이 아니라 전 세계와 하는 것이기 때문이다. 사법부만 제 역할을 명확히 하면 될 뿐이라고 생각했던 과거와 달리 전문적인 행정부의 역할이 커지면서 과도한 지침 체계라고 할 수 있는 3대 기술보호지침은 우리의 인식을 반영하는 것으로 언제나 신중을 기할 부분이라고 생각된다. 하지만 끝까지 국가가 포기하지 말아야 할 것은 그 무엇보다도 산업보안을 전공하는 인재가 많아야 하고 이러한 인력이 기술보호 일선에서 일할 수 있도록 지원해야 하는 것이라고 생각한다.